Donaukreuzfahrt

Guido Pinkau

MERIAN-T

Höhepunkte entlang de … sollten

1 Museum Moderne Kunst in Passau
Kunst des 20. und 21. Jh. in einem Gebäude des 16. Jh. Das MMK lockt Künstler mit Weltruf nach Passau (→ S. 36).

2 Loisium in Langenlois
Altes Winzerhandwerk gepaart mit der Architektur der Gegenwart. Hier gehen Genuss und Kunst Hand in Hand (→ S. 53).

3 Schleuse Gabčikovo
Vier Schiffe passen gleichzeitig in die größte Schleuse der Donau – eine technische Meisterleistung (→ S. 73).

4 Dom von Esztergom bei Abendbeleuchtung
Eine leuchtende Kathedrale, die über der Donau zu schweben scheint (→ S. 73).

5 Fischerbastei in Budapest
Von der Terrasse der Fischerbastei bietet sich ein unvergleichlicher Ausblick (→ S. 78).

6 Peterwardein in Novi Sad
Die Festung, gegenüber der Stadt am anderen Donauufer gelegen, heißt auch »Gibraltar an der Donau« (→ S. 86).

7 St. Sava Kirche in Belgrad
Grandios: Die größte orthodoxe Kirche auf dem Balkan mit vier Glockentürmen und 40 Glocken (→ S. 94).

8 »?« (Znak pitanja – Fragezeichen) in Belgrad
Im ältesten Kaffeehaus der Stadt fühlt man noch die orientalische Stimmung des 19. Jh. (→ S. 96).

9 Das Eiserne Tor
Der wohl imposanteste Taldurchbruch Europas ermöglicht den Schiffsweg gen Schwarzes Meer (→ S. 98).

10 Bootsfahrten im Delta
Eine Flusssafari in einzigartiger Natur kombiniert mit köstlichem Fischessen (→ S. 106).

MERIAN-Tipps ⇢
finden Sie auf Seite 128

Inhalt

10 MERIAN-TopTen
Höhepunkte an der Donau, die Sie unbedingt sehen sollten
⇠ S. 1

10 MERIAN-Tipps
Tipps und Empfehlungen für Kenner und Individualisten
S. 128 ⇢

Erläuterung der Symbole

CREDIT *Alle Kreditkarten werden akzeptiert*

▭ *Keine Kreditkarten werden akzeptiert*

Preise für zwei Personen im Doppelzimmer inklusive Frühstück, umgerechnet in Euro:

●●●●	*ab 130 €*	●●	*ab 70 €*
●●●	*ab 100 €*	●	*bis 70 €*

Preise für ein Menü mit Vorspeise und Dessert, ohne Getränke, umgerechnet in Euro:

●●●●	*ab 25 €*	●●	*ab 14 €*
●●●	*ab 20 €*	●	*bis 14 €*

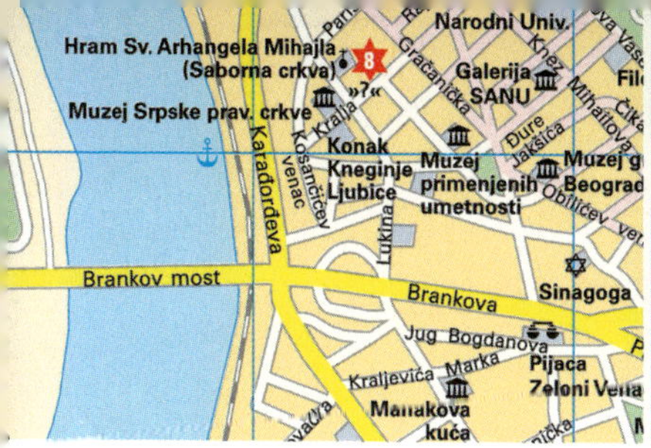

Karten und Pläne

Die Buchstaben-Zahlen-Kombinationen im Text verweisen auf die Planquadrate der Karten, z. B.
→ S. 60, a 1 Detailkarte innen

Mit Faltkarte

→ S. 15

Die Donau stellt sich vor

Die im neoromanischen Stil 1895 erbaute Fischerbastei (→ S. 78) in Budapest erhielt ihren Namen durch Fischer, die im Mittelalter die Burgmauer beschützten. Von dort eröffnet sich dem Besucher ein schöner Blick auf die Donau, Pest und das Parlament.

Mal träge, mal reißend verbindet das »blaue Band« der Donau Europas Landschaften, Völker und Kulturen. Eine Flusskreuzfahrt bietet dem Reisenden täglich unvergessliche Eindrücke.

Sie wird als Königin unter den Flüssen Europas bezeichnet – mit Walzerklängen unterlegt ist sie weltberühmt. An manchen Stellen hat der Reisende den Eindruck, er fahre auf einem See, so still fließt sie dahin, an anderen wechselt sie ihren Charakter und gibt sich als reißender Gebirgsfluss. Wie eine Diva, die mit ihren ständigen Stimmungsschwankungen ihr Publikum in Atem hält, so zieht auch die Donau in ihren Bann. Im oberen unschiffbaren Teil, westlich von Ulm bei Immendingen, gibt sie sich sogar prätentiös und liebt das Versteckspiel, denn nach der Donauversickerung verfolgt sie ihren Weg für eine kurze Strecke unterirdisch weiter. Klar, dass ein Fluss, der so geheimnisvoll ist, reich mit Geschichten, Legenden und Sagen umwoben ist und mit diesen seit Jahrhunderten Anwohner und Besucher fasziniert.

Auf den Spuren zahlreicher Kulturen entlang der Donau

Doch es ist nicht der Fluss allein, der den besonderen Reiz ausmacht. Eingebettet in eine immer wieder wechselnde Landschaft, deren Natur von lieblich bis dramatisch reicht, bietet die Donau die Kulisse für eine große Oper. Die Akteure: Menschen, die an ihren Ufern siedelten und das Land urbar machten. Es entstanden stolze Städte mit prächtigen Bauwerken und kunsthistorische Kleinode. Manche Kulturen blieben nur für ein paar Jahrhunderte, hinterließen aber ein reiches Erbe und können damit nicht nur als Statisten gelten. Unter anderem kamen die Griechen in den Mündungsbereich und drangen zu Expeditionen in den weiteren Verlauf vor. Die Römer erhoben die Donau sogar zur Grenze ihres Imperiums nach Norden und brachten den Weinanbau an die sonnenverwöhnten Hänge, der noch heute den Ruhm ganzer Regionen begründet. Die Türken belagerten Wien. Ob sie dabei den Kaffee »vergaßen« und sich so die Kaffeehauskultur entwickelte, ist strittig, aber sie brachten neben dem Krieg neue kulturelle Einflüsse nach Ungarn und Österreich. Somit war der Fluss schon immer Lebensraum, aber auch eine Lebensader, die Menschen und Kulturen mit-

Die »offizielle« Donauquelle in Donaueschingen wurde im 18. Jahrhundert eingefasst.

einander vereint. Um bei dem Bild der Oper zu bleiben, wird dabei die Aufführung, egal ob in den Hauptstädten oder auf dem Land, von Musik und Kunst begleitet. Und wer verbindet die Donau nicht automatisch mit musikalischen Klängen? Wien und die Walzer von Strauß, die Puszta mit ihren sentimentalen Geigen, die überall noch gepflegte Folklore – entlang des gesamten Flusslaufes erklingen typische Melodien. So fließt die Donau einem Band gleich durch Europa, bis sie sich am Schwarzen Meer mit einem weiteren völkerverbindenden Gewässer vereint.

Der Schiffsreisende wird einen Großteil dieser grandiosen Inszenierung erleben. Zwischen den großartigen Akten der Reise sind kaum Pausen geplant, und das erfordert ein wenig Kondition, aber letztlich liegt es an jedem selbst, ob er den Sonnenschein an Deck genießen oder alle Landausflüge »mitnehmen« möchte.

Mal beeindrucken die wildromantischen Schluchten, durch die sich das Schiff den Weg bahnt, dann wieder wird das Auge von lieblichen Ufern mit blühenden Wiesen verwöhnt. Mächtige Burgen, Schlösser und Klöster in barocker Pracht säu-

Natur und Kultur pur

men den Weg. Einige Autoren preisen daher schon die Donau als den »Barockstrom« par excellence.

Ein guter Grund, all diese Schönheiten vom Schiff aus zu entdecken, ist, dass vieles nur vom Fluss aus richtig genossen werden kann: die **Schlögener Schlinge** bei **Passau**, die malerischen Weinhänge der **Wachau**, das imposante **Donauknie** oder das **Eiserne Tor**. Aber auch die weite Puszta in Ungarn und das einzigartige Donaudelta gehören zu dem wechselnden Panorama stimmungsvoller Eindrücke, das während einer Donaufahrt vorbeizieht.

Die Donaureise führt auch zum Barockkloster Melk (→ S. 50), in dem heute noch Benediktinermönche beten und arbeiten.

Kein Schiff kann bis zur Wiege der Donau vordringen, deshalb ist sie auch auf keinem Tourplan einer Reederei verzeichnet. Sie liegt in den Bergen des Schwarzwaldes. Von hier aus fließt die Donau, anfangs noch als kleiner Bach, dann immer mehr Wasserläufe in sich aufnehmend, auf 2858 km Länge und oftmals imposanter Breite ihrem Ziel entgegen: dem Schwarzen Meer. Das macht sie nach der Wolga zum zweitlängsten Fluss Europas. Zehn Länder, unterschiedliche Völker und Kulturen verbindet sie dabei. Leider war dieses Miteinander im Laufe der Geschichte nicht immer friedlich.

Häufig wird in diesem Zusammenhang auch vom »Donauraum« gesprochen. Dieser ist weitaus um-

Ein großes Einzugsgebiet

fassender als nur die Uferregion und strahlt noch weit über den unmittelbaren Einzugsbereich des Stroms hinaus. Der Donauraum bezieht auch die

Regionen und Länder mit ein, die in politischen, wirtschaftlichen und kulturellen Verbindungen zu den Donauanrainerstaaten stehen. Im Einzugsgebiet der Donau (817 000 qkm) leben rund 200 Millionen Menschen.

Woher kommt die Donau?

Die eigentliche Geburtstätte des Flusses ist heftigst umstritten. Der alte Spruch »Brigach und Breg bringen die Donau zu weg« gilt zwar immer noch, der Funke des Streits entzündete sich aber an einem kleinen Zufluss der Brigach. In einem Schlosspark beim Donaueschinger Kirchhügel entspringt ein Bach, der oberhalb des Zusammenflusses von Brigach und Breg in die Brigach eintritt. Das machte die Sache nun kompliziert: Ein für Europa so bedeutender Fluss muss eine eindeutig definierte Quelle haben. So legte man 1584 fest, dass die Donau dort beginnt, wo die Schlossquelle in die Brigach fließt! Doch es kamen Zweifel auf. Die Breg ist um 48 km länger, müsste man also nicht sie zum Quellfluss bestimmen? Diesem Hin und Her folgte schließlich ein Kompromiss. Der Zusammenfluss beider Flüsse wurde als Ursprung bestimmt. Doch wenn ein Reisender einem Donaueschinger begegnet, so wird dieser mit Gewissheit die Quelle in den Schlosspark von Donaueschingen »verlegen«.

Und noch ein weiteres Problem entstand aus diesem Zwist: die Längenbestimmung. Wie vermisst man einen Fluss, bei dem noch nicht mal klar ist, wo seine Quelle liegt? Die einfachste Lösung hierfür war, den Null-Punkt nicht bei der Quelle anzusetzen, wie allgemein üblich, sondern an der Mündung im **Donaudelta** am **Schwarzen Meer**. So ist die Donau der einzige Fluss, dessen offizielle Längenmessung »umgekehrt« verläuft – von der Mündung zur Quelle. Das ist auch der Grund dafür, warum der Flussreisende die Donaukreuzfahrt bereits bei Flusskilometerstand 2227 (Schanzlbrücke, Passau) beginnt.

Der Name für das »Kind« von Brigach und Breg wird in frühen Urkunden mit »Tonach« angegeben, der dann später in »Donaw« umgewandelt wurde. Auch hier gibt es Unstimmigkeiten über die Bedeutung. Sagen die einen, »Dona-aw« stehe bei den Kelten, die einst im Quellgebiet lebten, für »tiefes Wasser«, könnte der Name auch auf »zwei Wasser«, also die beiden Quellflüsse, hindeuten. Die Römer, die an den Ufern des Stroms die umkämpfte nördliche Grenze ihres Reiches festlegten, kannten »Danubius« als Gott des Wassers. Aus dem Lateinischen entwickelte sich die englische und französische Bezeichnung »Danube«. Erst relativ spät, etwa ab 1763, spricht man im Deutschen von der »Donau«. Aus demselben Wortstamm leiten auch die Völker am Fluss ihre Namen ab: in der Slowakei »Dunaj«, in Ungarn »Duna«, in Serbien und Bulgarien »Dunav« und in Rumänien »Dunărea«.

Oft und gern besungen – die Farbe der Donau

Bei einer Donauflusskreuzfahrt wird ein Blick aufs Wasser ziemlich schnell die Frage aufwerfen: Warum spricht man eigentlich immer von der blauen Donau und besingt sie in Liedern? Die Antwort: Die Donau war niemals und nirgends blau, höchstens vielleicht an flachen Stellen über Sandbänken. In Passau, wo sich das grünliche Gletscherwasser des Inns mit dem aus dem Bayerischen Wald kommenden schwarzen Wasser der Ilz und den grau-grün-bräunlichen Fluten der Donau vereinigen, kann man nur mit dem richtigen Lichteinfall einen blauen Schimmer entdecken. Meist ist der Fluss, auch je nach Wasserstand und Jahreszeit, als grünlich bis lehmbraun zu bezeichnen. Johann Strauß hätte aber sicher mit einem Titel »An der schönen graugrünen Donau« Probleme für seinen 1867 komponierten Walzer bekommen. So hielt er als »On the banks of the blue Danub« auch Einzug in die englischsprachigen Ballsäle und machte die »blaue Donau« weltberühmt. Andere Länder, andere Bezeichnung: In Ungarn ist die Donau »blond«, im Balkan generell »weiß«.

Die Donau in Deutschland

Gut 633 km legt der Fluss zurück, bis er vom Schwarzwald kommend bei Jochenstein die Grenze nach Österreich übertritt. Zahlreiche Flüsse beteiligen sich in Deutschland als Wasserlieferanten. Am besten kann man sie sich mit einer alten Eselsbrücke merken: »Iller, Lech, Isar, Inn fließen rechts zur Donau hin, Altmühl, Naab und Regen fließen links entgegen«.

Eine spektakuläre Stelle liegt zwischen Immendingen und Möhringen. Ein Großteil des Wassers versickert im kalkfelsigen Untergrund und bahnt sich einen Weg durch ein verzweigtes Höhlensystem – die **Donauversickerung.** Erst nach gut 12 km tritt ein Teil südlich als Aachquelle wieder an die Oberfläche, während der andere Teil bei Möhringen in das Flussbett der Donau zurückfindet. Bis Ulm ist sie dann noch am »unberührtesten« – Donau pur. Man glaubt kaum, dass sie im weiteren Verlauf einer der mächtigsten Ströme Europas werden soll. Ab Ulm wird sie dann schiffbar, und die Energiewirtschaft bedient sich ihrer Kraft. Die Ulmer Schiffer haben sich bereits im Mittelalter die Donau als Wasserstraße zu Nutze gemacht und befuhren mit ihren »Ulmer Schachteln« den Fluss bis Belgrad. Ein neuer wichtiger Handelsweg zwischen Okzident und Orient war somit geboren. Noch heute zeigen das Schifferviertel und das Münster den Reichtum vergangener

Die alte Donaustadt Regensburg: Die Steinerne Brücke aus dem 12. Jahrhundert diente als Vorbild unter anderem für die berühmte Karlsbrücke in Prag.

Tage. Große Schiffe können aber von hier noch nicht starten. Vorbei an Ingolstadt mit dem wehrhaften Herzogsschloss fließt die Donau weiter zum **Kloster Weltenburg.** Dort schafft sie zwischen senkrechten Felsen den spektakulären und für Ausflugsschiffe nicht ganz ungefährlichen Durchbruch nach Kelheim. Ab hier kann dann die eigentliche Donauschifffahrt mit größeren Schiffen beginnen.

In **Regensburg**, der alten Handelsstadt, steht die aus dem 12. Jh. stammende Reichs- oder Steinerne Brücke, die älteste noch funktionierende Donaubrücke. Die letzte größere Station des Stroms in Deutschland ist die Drei-Flüsse-Stadt **Passau**, Ausgangspunkt der klassischen Donaukreuzfahrt. Jährlich starten von hier rund 200 000 Flussreisende zu erlebnisreichen Tagen auf der Donau (ein Drittel davon fährt bis ins Delta). Gestärkt durch Inn und Ilz sagt die Donau leise Servus und macht sich auf den Weg nach Österreich.

Servus in Österreich

In Österreich faszinieren die wechselnden Landschaften entlang der Donau – Dörfer und Städte wissen mit vielen kulturellen Sehenswürdigkeiten zu beeindrucken.

Die Donau in Österreich wird gern mit einem Gebirgsfluss verglichen, und ein paar Zahlen unterstreichen dies. Man geht von einem Gefälle von 40 cm pro km aus und einer Strömungsgeschwindigkeit von 1 bis 3 m pro Sekunde. Schneeschmelzen im Gebirge lassen selbst manchmal noch im Hochsommer – ganz abgesehen von extrem starken Regenfällen – die Pegelstände ansteigen.

Die Kraft des Flusses

Das alte Bild der Donau erfuhr aber im 20. Jh. drastische Veränderungen. Waren einst Haupt-, Neben- und Altläufe prägend, die durch den ständig wechselnden Gang des Wassers der Landschaft immer wieder ein neues Gesicht gaben (Inseln entstanden und verschwanden, Altwasser verlandeten, Wälder wuchsen heran und wurden überspült), glaubt man heute manchmal, auf Seen unterwegs zu sein. Hierzu trug wesentlich die Stauung durch Kraftwerke bei.

Donaukraftwerke in Österreich

Jochenstein, Inbetriebnahme	1955
Aschach, Inbetriebnahme	1964
Ottensheim-Wilhering, Inbetriebnahme	1973
Abwinden-Asten, Inbetriebnahme	1979
Wallsee-Mitterkirchen, Inbetriebnahme	1968
Ybbs-Persenbeug, Inbetriebnahme	1958
Melk, Inbetriebnahme	1982
Altenwörth, Inbetriebnahme	1976
Greifenstein, Inbetriebnahme	1984

Aber nicht nur für den Kraftwerksbau wurde die Donau reguliert, der Eingriff erleichtert auch die Schifffahrt oder schützt z. B. das landwirtschaftlich intensiv genutzte Marchfeld vor Hochwasser.

Nur das 36 km lange, malerisch enge Tal der **Wachau** und die weite Ebene des **Nationalparks Donauauen** (47 km) blieben als »freie« Fließstrecken erhalten. Gerade die Donauauen sind als Biotop besonders schützenswert. Zahlreiche Wasservögel aus Nordeuropa finden hier ihr Winterquartier, Schellente und Krickente gehen auf Futtersuche. Der Seeadler war regelmäßiger Gast und ist sogar als Brutvogel zurückgekehrt. Die Schotterflächen an den Uferseiten sind im Frühjahr Heimstätte für Kiesbrüter, sie sind nur noch hier an der österreichischen Donau zu finden. Der Kraft der Flusses ist es zu verdanken, dass an ihren steilen Uferböschungen Eisvögel Höhlen bauen, um ihre Jungen aufzuziehen, und Biber ihre Bauten in den Böschungen anlegen. Manchmal kann der Flussreisende auf den vom Hochwasser umgestürzten Bäumen Greifvögel entdecken, die nach Beute spähen.

Die Ufer mit ihren Sand- und Schotterbänken werden gesäumt von Weiden und Schwarzpappeln. Wo alte Flussbetten mit wasserdurchlässigen Böden ausgetrocknet sind, gedeihen nun Weiß- und Sanddorn, Orchideen, Federgras sowie an die Trockenheit angepasste Flechten und Moose.

Und was lebt im Wasser? Auch da herrscht im Bereich der geschützten Donauauen eine große Vielfalt.

Vielfalt auch unter Wasser

Rund 60 Arten haben hier ihre Laichplätze, darunter der Sterlet, eine kleine Störart, der Huchen, der zur Familie der Lachse gehört, sowie der als Speisefisch äußerst beliebte Wels oder Donauwaller mit seinem breiten Maul und den für ihn so charakteristischen Barten (Tastorgane).

Weiter in die Slowakei

Ein warmes Klima und fruchtbare Böden prägen den Südwesten der Slowakei, durch den die Donau fließt. Entspannt kann von Bord eine Landschaft genossen werden, die im Wesentlichen ihre Ursprünglichkeit bewahrt hat. Dichte Schilfgürtel, Weideflächen und Pappelwälder ziehen am Schiff vorüber.

Während einer Donaukreuzfahrt darf der Besuch der jungen Hauptstadt des Landes, **Bratislava**, nicht fehlen. Historisch bedeutsam und in den letzten Jahren mühevoll restauriert, bietet sie gute Möglichkeiten für einen entspannten Bummel. Auffallend im Stadtbild ist die große Zahl junger Menschen. Die Universität, aber auch die Möglichkeit, einen Arbeitsplatz zu finden, hat viele vom Land hierher gezogen.

Insgesamt 16 Schleusen besitzt die Donau. Die Durchfahrt mit dem Schiff kann bis zu einer Stunde dauern, wie hier durch die Schleuse Ybbs in Österreich.

Der Nationalpark Donauauen (→ S. 66) bietet Raum für über 700 Pflanzen- und Tierarten. Auf einem Bootsausflug ist manchmal sogar ein Au-Hirsch anzutreffen.

Ungarn – mehr als Paprika und Puszta

Die große **Ungarische Tiefebene** (auch **Puszta**) entlang von Donau und Theiß ist die letzte ausgedehnte und zusammenhängende Heidelandschaft Mitteleuropas. Mit ihren Pferden, Herden von Langhornrindern, den Schafen, Gänsen und Zugvögeln zählt sie mit der Hortobágy-Puszta seit kurzem zum Weltkulturerbe der UNESCO. Ungarn ist aber nicht nur Puszta-Romantik mit akrobatischen **Reitervorführungen**, sondern ein modernes aufstrebendes Land, dessen alter Kultur man auf Schritt und Tritt begegnet. Stolz scheint man auf den 2005 erfolgten Beitritt zur EU zu sein, denn fast überall hängt neben der ungarischen auch die europäische Fahne. Mit dem **Donauknie** besitzt Ungarn einen weiteren schönen Abschnitt der Donaukreuzfahrt. Hier, wo der Fluss seinen Weg nach Süden nimmt, liegt hoch über ihm eine der mächtigsten Kirchen Ungarns. Die **Basilika von Esztergom** mit ihrer 100 m hohen Kuppel ist eine der größten Kirchen Europas. Weiter stromabwärts thront die **Burg Visegàd**, slawisch für »Hohe Burg«; jahrhundertelang Sitz der ungarischen Könige. Der berühmteste unter ihnen dürfte wohl König Stefan I. sein, der vor über 1000 Jahren den Staat gründete.

Durch eine scheinbar unberührte Flusslandschaft fließt der Strom gen **Budapest**, der »Königin der Donau«. Die Einfahrt mit dem Schiff zählt zu einem der unvergesslichen Höhepunkte der Donaukreuzfahrt, denn das Stadtpanorama ist überwältigend. Einzigartig schön anzusehen ist, wie sich Stadt und Fluss vereinen. Außerdem gibt es zahlreiche imposante Bauwerke: **Burg** und **Burgviertel**, ebenfalls Teil des Weltkulturerbes der UNESCO, **Fischerbastei** und **Géllertberg**, das **Parlament** – Palais aus allen Epochen säumen die Uferlinie. Nicht zu vergessen die berühmten Brücken, von denen die **Kettenbrücke**, Budapests erste Donaubrücke, den Fluss majestätisch überspannt.

Ungarn hat aber noch ein weiteres Zentrum zu bieten. Flussabwärts liegt **Kalocsa**, die Hauptstadt der Paprika. Alljährlich wird die Ernte von einem großen Fest begleitet, bei dem so manches traditionelle Gericht aufgetischt wird. Die facettenreiche ungarische Küche hat durch den jahrhundertelangen Einfluss verschiedener Kulturen ihre eigene unverwechselbare Note bekommen.

Kurze Fahrt durch Kroatien

Einen kleinen Anteil von 188 km hat auch Kroatien an Europas zweitgrößtem Strom, der einen Teil der Ostgrenze des Landes nach Serbien und Montenegro bildet. Aber auch auf diesem Streckenabschnitt kann mit weiteren reizvollen Landschaften gerechnet werden. Einen Ausläufer der Großen Tiefebene bilden die Weiten der Baranja. Hier fließt die Donau, scheinbar um etwas länger verweilen zu können, gemächlich dahin. Felder, Wiesen und Weiden wechseln sich mit Auwäldern ab. Ein kaum beeinträchtigter natürlicher Lebensraum, der durch den Nationalpark Kopaţki rit geschützt wird. Unzählige Sumpfvögel haben hier ihre Heimat, und die in den Wäldern lebenden Wildarten bereicherten einst die Küche der hier lebenden Habsburger Adelsfamilien (u. a. Prinz Eugen von Savoyen) und später der Politprominenz.

Eine etwas größere Stadt liegt unweit der Stelle, wo die Drau in die Donau mündet. Von den Türken mit einer mächtigen Festung versehen, repräsentiert Osijeks noch heute ein geschlossenes bauliches Ensemble an Jugendstilhäusern.

Weiter flussabwärts wird hinter Vukovar eine Veränderung der Landschaft, zumindest am rechten Flussufer, sichtbar. Langsam tauchen dort wieder Hügel auf, während die gegenüber liegende Uferseite von unendlichen Weiten geprägt wird. Im Frühjahr und Sommer begeistert aber speziell erstere Seite, denn alle Sinne werden angesprochen, wenn die Obstbäume blühen und ihr Duft in einer lauen Nacht bis an Bord getragen wird oder die Rapsfelder einen gelben Teppich bilden, die Ähren der Weizenfelder sich wiegen und die Sonnenblumen ihre Köpfe in den Himmel recken.

»Dobrodosli« (Willkommen) in Serbien und Montenegro

Bei Bezdan erreicht die Donau Serbien. Etwa 70 km vor **Belgrad** liegt **Novi Sad**, Hauptstadt der Vojvodina (autonome Provinz), mit der **Festung Peterwardein**, einer der größten Wehrbauten Europas. Vor noch nicht allzu langer Zeit gelangte Novi Sad durch die im Kosovo-Krieg zerbombten Brücken in die Medien. Die Serben sind offene Menschen, die sich nach einem Jahrzehnt der Isolation in einer sehnsuchtsvollen Aufbruchsstimmung befinden. Nach dem Bürgerkrieg, einer tiefen sozialen und wirtschaftlichen Krise, und der autoritären Herrschaft Milošëvičs begann mit Erfolg der Neuaufbruch in Belgrad im Herbst 2000, der zu der 2002 gebildeten losen Staatsunion von Serbien und Montenegro führte (Državna zajednica Srbije i Crne Gore). Stolz auf die jüngsten Entwicklungen, freut man sich herzlich darüber, Besuchern das Land zeigen zu können. In **Lepenski Vir** wurde erst vor wenigen Jahrzehnten eine über 8000 Jahre alte Siedlung entdeckt. Sie gilt als eine der ältesten an der Donau. Die dort gefundenen einzigartigen, bis zu 50 cm hohen Steinskulpturen – sie ähneln Fischen mit menschlichen Zügen – sind im **Belgrader Nationalmuseum** zu besichtigen. Donauabwärts tauchen immer wieder mächtige Festungen am Ufer auf, die von der kriegerischen Vergangenheit zeugen.

Die Donau in Bulgarien

Seit dem 1. Januar 2007 ist auch Bulgarien Mitglied der EU. Dieses wurde mit der Unterzeichnung des Beitrittsvertrages vom 25. April 2005 besiegelt.

Die erste bulgarische Stadt an der Donau ist Vidin. Ihre Geschichte reicht bis zu den Kelten zurück. Südlich davon, also weiter flussabwärts, ist es ratsam, sich an Deck für ein paar großartige Landschaftsaufnahmen bereitzuhalten. Bei Belogradicik erwarten den Donaureisenden bizarre Felsformationen und die romantische, mitten in den Fels hineingebaute Burg Kaleto. Historisch bedeutsam ist **Veliko Tărnovo**, weil sie während des 2. bulgarischen Zarenreiches (ab 1186) bulgarische Hauptstadt war. Für das Land eine Phase größter wirtschaftlicher und kultureller Blüte. Reiche Gaben an die Klöster ließen diese zu Zentren der Kunst und Bildung werden. Allein um Veliko Turnovo sind die Überreste von zehn Klöstern zu finden, z. B. das von Preobrashenije.

Zeit für einen Ausflug zu diesen kulturhistorisch bedeutenden Stätten und ins Umland wird bei einem Halt der Donaukreuzfahrtschiffe in **Ruse** geboten. Die Liegezeit kann aber natürlich auch für eine Stadtbesichtigung genutzt werden. Die Geburtsstadt des Literatur-Nobelpreisträgers Elias Canetti war schon in der Antike ein wichtiger Donauhafen. Allein der alte Name »Sexaginta Prista«, was »60 Schiffe« bedeutet, ist ein einschlägiger Beweis, dass schon damals ein reger Verkehr auf der Donau geherrscht haben muss. Mit Svistov, beherrscht von einer riesigen Burgfestung, wird die letzte Stadt Bulgariens erreicht.

Ins Donaudelta in Rumänien

Rumänien hat mit 1075 km den längsten Anteil an der Donau. Die Flussreise endet hier in einer der großartigsten Naturlandschaften Europas. Endlich gelangen die Kreuzfahrer in das mit Spannung erwartete, über 4500 qkm große Donaudelta. Nur 20 % der Fläche sind Festland, der Rest besteht aus Wasser, Schilf- und Wasserpflanzen inmitten einer überaus artenreichen, paradiesischen Inselwelt. Kanäle, mäandrierende Flussarme und Seen bilden ein verwirrendes Labyrinth. Diese Landschaft, deren Stille und Ursprünglichkeit jeden Besucher in ihren Bann zieht, ist einer ständigen Veränderung ausgesetzt. Das von der Donau herantransportierte Schwemmmaterial setzt sich ab, wird verlagert und lässt immer wieder neue Inseln entstehen. Mit über 100 Fischarten und über 300 Vogelarten gilt das Delta als eines der größten Naturreservate der Welt. Wappentier der Region ist der Pelikan, der hier eines seiner letzten Rückzugsgebiete in Europa fand.

Ein Landausflug, angeboten von den meisten Kreuzfahrtunternehmen, die den Weg zum Delta in ihrem Programm haben, ist Rumäniens Hauptstadt **Bukarest**. »Paris des Ostens« genannt, mit Belle-Epoque-Häusern, breiten Avenuen und weitläufigen Parkanlagen. Die nahen **Felsenklöster von Ivanovo** zählen mit ihren herrlichen Fresken zu den bedeutendsten Beispielen byzantinischer Kunst und zum Weltkulturerbe der UNESCO.

MERIAN *live!*-QUIZ

GEWINNSPIEL: Monat für Monat eine Reise und weitere attraktive Preise zu gewinnen!

Um wen, was oder welchen Ort geht es hier?

»Du sollst die Donau nicht duzen. Ein rätselhaftes Gebot, als ob darin eine uralte Regel im Umgang mit dem Fluss beinhaltet sei. Wie zum Beweis fügte Arno Geiger den Satz seinem subtilen Roman »Es geht uns gut« an zentraler Stelle ein.

Namentlich steht die Donau Pate für: leckere Wellen, einen klangvollen Walzer, eine untergegangene Monarchie. Als wohl einziger Fluss der Welt hat sie das Privileg, durch vier Hauptstädte zu fließen. Bevor sie die erste erreicht, passiert sie die Heimat des Gesuchten. Dessen Teilname ist übrigens mit einer Farbe verbunden, die sich aus der, die der Donau unterstellt wird, mit Gelb mischen lässt.

Ein imposantes Gewässer, zweifellos, das sich da vom Schwarzwald zum Schwarzen Meer schlängelt. An einer ihrer schönsten Schlängeleien ist der Gesuchte, der hier stets einen Hang zur Donau hat, im Wachstumsstadium anzutreffen. Dafür musste ziemlich gemauert werden. Die Donau gibt sich hier mütterlich und sorgt für ein Klima, in dem der Gesuchte die Reifeprüfung schafft.

Die Donaudampfschifffahrtsgesellschaftskapitänsmütze mag als Begriff ein alter Hut sein. Doch wird so mancher Kapitän, donauwärts unter Dampf auf Fahrt, schon mal seine Mütze beiseite legen, um sich mit der Gesellschaft auf seinem Schiff dem Gesuchten in seiner erfrischenden Art zu widmen. Die angebliche Flussfarbe könnte in solcher Geselligkeit entstanden sein. Wer jedoch dem Gesuchten allzu sehr zuspricht, dürfte die Donau dann doch duzen.«

Felix Woerther

Wenn Sie die Lösung wissen, besuchen Sie uns doch im Internet unter **www.merian.de/quiz** oder senden Sie uns eine E-Mail an **quiz@travel-house-media.de**

Unter den Einsendern verlosen wir Monat für Monat attraktive Preise. Viel Glück!

Praktische Infos zur Donaukreuzfahrt

Einige Informationen, die das Leben an Bord erleichtern und ein sicheres Auftreten versprechen.

Die Crew heißt den Flussreisenden auf seiner Donaukreuzfahrt herzlich willkommen!

Angenehm beschwingt wie beim Walzer von Johann Strauß, so gleitet der Reisende während seiner Zeit an Bord eines Flusskreuzfahrtschiffes »auf der schönen blauen Donau« dahin. Ganz nebenbei ist eine Donaukreuzfahrt auch eine Citytour in vier europäische Hauptstädte: Es geht mit dem Schiff zu den Kunst- und Kulturschätzen von Wien, Bratislava, Budapest und Belgrad.

Diese Vielfalt an Erlebnissen hat in den letzten Jahren Kreuzfahrten auf der Donau boomen lassen. Hinzu kommt, dass es kaum eine angenehmere Art zu reisen gibt. Nachdem die Kabinen bezogen und die Koffer ausgepackt sind, haben die Gäste über die Zeit ihrer Kreuzfahrt ihr schwimmendes Luxushotel immer dabei. Die meisten Schiffe bieten elegantes Ambiente mit erstklassigem Komfort. Je nach Schiffstyp: stilvoll-elegant (u. a. MS Mozart, MS River Cloud 2, MS Viking Danube), stilvoll-rustikal (u. a. MS River Cloud, MS Volga), sachlich-modern (u. a. MS Flamenco) oder sportlich-leger (A-Rosa-Flotte).

Für viele stellt sich die Frage, warum soll ich eine Flusskreuzfahrt buchen, wenn ich von Passau nach Budapest mit dem Zug in ca. 7 Stunden gelangen kann? Zum einen handelt es sich um eine Reise und keinen Transfer, und zum anderen liegt der Luxus unserer schnelllebigen Epoche in der Langsamkeit und dem Glück, Zeit und Ruhe genießen zu können.

Diese mit allen Sinnen auszukosten macht wahren Reichtum aus, denn jede Flussbiegung verspricht neue landschaftliche Höhepunkte. So verstanden gibt es keine stilvollere Weise Urlaub zu machen.

Um diese, fast schon historische, Art des Reisegenusses erleben zu können, findet man sich an dem von der Reederei angegebenen Zeitpunkt zum Einschiffen am Kai in Passau ein. Bereits hier zeigt sich die Professionalität des Personals an Bord. Obwohl recht viele Gäste darauf warten, zu ihren Kabinen zu kommen, wird dieser Vorgang schnell und souverän von der Crew des Schiffes erledigt. Für die meisten heißt es dann erst mal ab in die Kabine. Schließlich möchte man ja sehen, wie der Raum aussieht, in dem man sich für die nächsten Tage häuslich niederlassen will. Vor den Kabinentüren warten bereits die Koffer, die hilfreiche Geister ausgeteilt haben, nachdem sie zuvor bereits an der Rezeption des Schiffes abgegeben wurden oder vom Kofferservice (den die Reedereien mit der Buchung organisieren) geliefert worden sind.

Perfekte Organisation

Am Außendeck ist bereits das erste Essen im vollen Gang. Ein Begrüßungssnack ist vorbereitet und stärkt die von der zum Teil langen Anreise bereits hungrig gewordenen Passagiere. Und es bleibt ja auch noch Zeit, bis die Einführungsveranstaltungen an Bord beginnen. Diese Vorträge mit Themen wie »Vorstellung des Schiffes«, »Sicherheit an Bord« und »Landausflüge« sollte man unbedingt besuchen – auf den meisten Schiffen sind sie schon wegen des Sicherheitsbriefings Pflicht. Es erspart einem aber später auch häufige Konsultationen der Rezeptionen. Außerdem wird während dieser ersten Informationsveranstaltung auf Sonderveranstaltungen hingewiesen, die nicht im Preis enthalten sind und die an Bord nachgebucht werden können, wie z.B. spezielle Menüabende oder Festivitäten.

Bereits hier wird deutlich: Eine der wenigen und wichtigsten Zeiten, die nicht vergessen werden sollten – neben der für die jeweiligen Mahlzeiten –, ist die für das Ende des Landganges. Man will ja schließlich nicht per Bus, Bahn oder Taxi dem Schiff hinterhereilen.

Während die Passagiere so vom Guestservice oder Bordguide die wichtigsten Infos erhalten, bereitet die Mannschaft das Ablegemanöver vor. Da mit der Hängebrücke von Passau eine sehr tiefe Brücke unterfahren werden muss, werden die Aufbauten reduziert und die Sonnensegel bzw. Sonnenschirme eingezogen. Während dieser Zeit ist dann auch bei den z. T. recht hohen Schiffen der Besuch des Oberdecks untersagt.

Das für viele leidigste Thema an Bord ist der Dresscode. Während einige Schiffe (z. B. die Arosa) darauf bewusst verzichten, gehört es bei anderen zum guten Ton, sich zu den Mahlzeiten, insbesondere den Abendessen, umzukleiden. Generell ist auf allen Schiffen am Tag bequeme Kleidung angebracht, nach sonnigem Aufenthalt an Deck sollte man dennoch nicht mit Shorts an der Restauranttür erscheinen – ein solcher Gast wird abgewiesen. Dieses Mindestmaß an Etikette gilt bei allen Veranstaltern und Reedereien an Bord! Bei den Schiffen, bei denen striktere Dresscodes herrschen, wird meist in den Tagesprogrammen darauf hingewiesen, welche Kleidung zu welchem Anlass gern gesehen wird. Der Unter-

Mit Hemd und Krawatte oder lieber doch leger?

schied liegt dabei im Detail der Formulierung: »casual«, »formal« und »gala« sind die Stichworte. Damen sind meistens stilsicherer als Herren und wissen, worauf es ankommt. Deshalb: »casual« heißt Baumwollhose und Hemd ohne Krawatte, während »formal« schon eine Anzugskombination mit Krawatte erfordert und bei »gala« (z. B. Kapitänsdinner) groß aufgetragen wird. Der dunkle Anzug mit ebensolcher Krawatte wird erwartet. Das auf Kreuzfahrten oft gesehene weiße Dinnerjacket wäre aber etwas overstyled.

Schönheit liegt zwar im Auge des Betrachters, aber auch im Sommer sollte man darauf achten, dass die Badekleidung am Oberdeck nicht zu gewagt ist. Man ist schließlich nicht am Strand.

Sicherheit an Bord

Flusskreuzfahrtschiffe sind im Grunde kaum Risiken ausgesetzt. Die einzigen Möglichkeiten, in Schwierigkeiten zu kommen, wären Schleusenunfälle, ein anderes Schiff auf Kollisionskurs oder ein Brückenpfeiler, der im Wege steht. Da all dieses äußerst selten vorkommt, gelten Schiffe auf Flüssen als besonders sicher; es fehlt einfach der Unbill der Hochseefahrt mit schwerem Seegang, Stürmen, Eisbergen und langer Zeit ohne Uferkontakt. Hinzu kommt, dass die Donau mit im Schnitt 6 m nicht sonderlich tief ist. Den Tipp des Bordstewards, im Fall der Fälle das Sinken des Schiffes bis zum Aufsetzen mit einer Tasse Kaffee in der Hand auf dem Oberdeck abzuwarten, da mit einer Schiffshöhe von weit über 6 Metern ja nichts passieren kann, will wohl keiner wirklich ausprobieren, aber er beruhigt. Dennoch werden an Bord selbstverständlich auch die Alarmroutinen vorgestellt. Eine Rettungsübung, wie auf Hochseekreuzfahrtschiffen üblich, ist auf Flusskreuzfahrtschiffen nicht verpflichtend, da das Ufer ja immer greifbar bleibt. Wichtigster Grundsatz: den Hinweisen der Offiziere und Crew unbedingt Folge leisten! Nach den Durchsagen über Bordlautsprecher trifft man sich auf dem Sonnendeck »Bitte ohne Koffer!«, aber mit warmer Kleidung und den lebenswichtigen Medikamenten. Das Anlegen der Schwimmwesten, das ebenfalls bei der Infoveranstaltung am ersten Tag gezeigt wird, ist einfach und kann bereits mal in der Kabine probiert werden – auch ohne Gefahr im Verzug.

Buchung der Landausflüge

Bereits in den Katalogen der Veranstalter/Reederein werden die angebotenen Landausflüge vorgestellt und mit den Buchungsunterlagen nochmals im Detail erläutert. Dennoch nehmen am Einführungsabend an Bord die Infos hierzu den längsten Teil ein, denn es wird auch mitgeteilt, wie viel bei einem solchen Ausflug zu Fuß gegangen werden muss oder wie viele Treppen zu steigen sind, um zu den Aussichtspunkten, z. B. Kloster Melk oder Stift Göttweig, zu gelangen.

Buchbar sind diese Ausflüge sowohl vor der Reise als auch an Bord. Hierbei sind immer die in den Tagesprogrammen angegebenen Anmeldeschlusszeiten zu beachten. Die Bordreiseleitung muss genügend Zeit haben, um Busse oder lokale Führer zu reservieren, die dann am Hafen auf die Landgänger warten. Abgerechnet werden diese Ausflüge über die Kabinennummer und können am Ende der Reise mit der Rechnung für Getränke und Extras bezahlt werden – auch mit allen gängigen Kreditkarten. Stornierungsmöglichkeiten ohne Geldverlust können bis 24 Stunden vor Ausflugsbeginn vorgenommen werden.

Lang ist's her, als eine Reise auf dem Fluss noch als beschwerlich galt. Heutzutage bieten die Bordkabinen höchsten Komfort – eine schöne Aussicht immer eingeschlossen.

Jeden Abend werden die für den nächsten Tag anstehenden Programmpunkte in einem kurzen Infobrief auf die Kabinen verteilt. Hierin steht alles zu den Hafenorten, die angefahren werden, den Treffpunkten für Landausflüge, den wichtigsten Sehenswürdigkeiten und den Essenszeiten.

Seit mehreren Jahren gibt es auch die Möglichkeit der Kreuzfahrt-Studienreise, wie sie von Studiosus Reisen München angeboten wird. Ein Studienreiseleiter begleitet die Gruppe während der gesamten Reise. Er hält interessante Vorträge an Bord, führt die Landausflüge und sorgt somit für einen durchgängigen roten Faden. Das Ausflugsprogramm ist im Reisepreis bereits enthalten (www.studiosus.de).

Die schönste Jahreszeit

Gibt es eine beste Reisezeit für eine Donaukreuzfahrt? Im Frühjahr, wenn die Vegetation erwacht, blühende Wiesen und Obstbäume die Ufer säumen und in den Städten das Flanieren und Shoppen mit einer Pause im Straßencafé unterbrochen werden kann? An Bord, eingehüllt in eine Wolldecke, lassen sich dann schon die ersten wärmenden Sonnenstrahlen genießen. Besonders prachtvoll zeigen sich die Gärten im April, wenn die vielen Obstbäume weiß und rosa erblühen. Der Sommer mit seinen langen Tagen und lauschigen Nächten auf dem Oberdeck? In den Hafenstandorten bietet sich die Möglichkeit zum Eintauchen ins »Nightlife«. »Haben Sie Wien schon bei Nacht gesehen?« Diese Frage Rainhard Fendrichs sollte am Ende der Reise mit Ja beantwortet werden können.

Oder vielleicht im ruhigeren Herbst, der die Donau in goldenes Licht taucht? Allerorten werden Weinfeste gefeiert und an Bord die kulinarischen Highlights der Regionen noch stärker in den Vordergrund gestellt. Der Winter wiederum besticht durch kristallklare Luft, sternklare Nächte, den Zauber der verschneiten Landschaften, ruhiges, z. T. besinnliches Abendprogramm an Bord, Christkindlmärkte, das Geläut der Glocken, evtl. sogar Feiertage an Bord mit Silvesterprogramm in einer der Donaumetropolen. Beste Jahreszeit für eine Donaukreuzfahrt? Das ganze Jahr!

Gewusst wo ...

Aufregende Metropolen warten darauf, den Donaureisenden in ihren Bann zu ziehen. Gute Gelegenheiten für ein paar Mitbringsel bieten sich hier vielerorts. Den schmerzenden Füßen sollte man aber auch mal eine Pause gönnen, zum Beispiel bei einem »Einspänner« (Mokka im Glas mit Sahne) im Wiener Traditionshaus Kleines Café.

Mit dem Schiff unterwegs auf der Donau und doch Land und Leute erleben. Aktive Freizeitgestaltung ist kein Widerspruch zur Kreuzfahrt, sondern ein großer Teil des Bordprogramms.

Essen und Trinken

Kulinarische Genüsse aus der Region an Bord und an Land – begleitet von vorzüglichen Weinen.

In Ungarn überall anzutreffen – die Paprika! Ob mild oder extrascharf, frisch, als Pulver oder als Püree, die rote Frucht verleiht der ungarischen Küche ihre typische Note.

Auf der Donau geht es jederzeit genussvoll zu, aber auch hier macht die Auswahl des Schiffes den kleinen Unterschied. Auf den eher exklusiven Kreuzern wird an der Rezeption eine Tischreservierung für das Restaurant vorgenommen, die für die dabei festgelegten Essenszeiten immer an einem bestimmten Tisch einen Platz zuweist. Das ist der Fall, wenn überwiegend Menüs serviert werden. Bei anderen Schiffen (u.a. Arosa) gilt freie Platzwahl, und die Mahlzeiten werden in Form von Büfetts serviert.

Die geografische Buntheit des Donauraumes spiegelt sich in den Töpfen der Köche wider. Zu Beginn der Reise werden zunächst deftige bayerische Schmankerl in Form von Würstel, Schweinshaxn mit Kraut und Semmelknödeln den Gaumen verwöhnen. Ein paar Flusskilometer weiter abwärts wird die Küche mit österreichisch-böhmischen Speisen feiner, bis sie um die von den stark ländlich geprägten Küchen Ungarns und Serbiens erweitert wird. Die zum Essen gereichten Weine sind ebenso abwechslungsreich. Schon König Ludwig XIV. meinte, der ungarische Tokajer sei der »König der Weine, Wein der Könige«. Ein trockener Veltliner aus der Wachau, ein Zweigelt aus Krems oder die Weine Serbiens sind wahrlich Geschmackserlebnisse. Gute Weinsorten werden ebenso im Hügelland Ungarns rund um den Balaton, den Plattensee, gekeltert. Feurig und mit feiner Säure ist der Badacsonyi Kéknyel, mild und fruchtig der Badacsonyi Szürkebarát.

Neben ihrem Ruf als Weinbaugebiet von Weltrang hat sich die Wachau auch als Obstgarten einen Namen gemacht. Egal ob in Knödeln, in Kuchen und Strudeln, als Marmelade oder köstlicher Edelbrand, an der Wachauer Marille kommt man nicht vorbei. Untrennbar mit der Region verbunden ist das von der Bäckerei Schmidl kreierte Wachauer »Laberl«. Ein rundes Brötchen aus Roggen- und Weizenmehl, dessen Originalrezept wie ein Schatz bewahrt wird. Überrascht ist der Reisende oft darüber, dass so manches Gericht ganz anders zubereitet wird, als er es kennt. Ungarisches Gulasch ist nämlich ein als Vorspeise gereichter Eintopf und kein Hauptgericht. Die Gulaschsuppe (»Gulyásleves«) gibt es in zahlreichen Variationen auf jeder Speisekarte. Weitere Spezialitäten sind die Fischsuppe »Halászlé« – eine scharfe rote Suppe aus heimischen Süßwasserfischen – und gebratene Gänseleber mit Pilzen (»Gombás libamáj«).

Berühmt ist »Pörkölt« (in Würfel geschnittenes Geschmortes), das aus Schweine- (»Sertés pörkölt«), Rind- (»Marha pörkölt«), Hammel- (»Birka pörkölt«) oder Geflügelfleisch (»Pörkölt csirke«) zubereitet wird. Gefüllte Paprikaschoten (»Töltött paprika«), Kohlrouladen (»Töltött káposzta«) oder gefüllter Blumenkohl (»Töltött karfiol«) sind ebenfalls traditionelle Speisen. Nicht entgehen lassen! Paprikahuhn (»Paprikás csirke«) mit Sauce wird mit Nockerln serviert. Vorsicht vor dem äußerst scharfen Kirschpaprika! Ihn erhält man dekorativ auf Schnüre gebunden, und selbst mancher Ungar sagt, dort sollte er auch am besten bleiben.

Regionale Spezialitäten

Wer Nachspeisen liebt, ist in Ungarn auch genau richtig mit Palatschinken (»Palacsinta«), Strudel (»Rétes«) mit Quark, Mohn oder Kirschen gefüllt, und Quarkklößen (»Túrógombóc«).

Die Serben sind stolz auf die Grillspezialitäten »Cevapcici« (gegrillte Hackfleischröllchen), »Ražnjici« (Fleischspieße) oder »Pljeskavice« (gegrilltes Hackfleisch). Als Inbegriff für serbisches Schnitzel (»Šnicla«) gilt das nach einem Rebellenführer im Kampf gegen die Türken im Jahr 1804 benannte »Karadjordjeva snicla«.

Einkaufen

Die Shoppingtour gibt's inklusive: Wo die besten Souvenirs der Reise zu erstehen sind.

Schon seit 1786 werden beim Demel (→ S. 63) süße Versuchungen verkauft. Wer ein Reisemitbringsel sucht, ist in der k.u.k.-Hofzuckerbäckerei richtig, denn feine Spezialitäten wie kandierte Veilchen oder Pralinen sind immer wunderschön verpackt.

Die vielen schönen Städte entlang der Reiseroute laden ein zu einer kleinen Shoppingtour. Es beginnt bereits in Passau, wo noch vor dem Ablegen des Schiffes ein Bummel durch das malerische Gassenviertel unternommen werden kann. Die interessantesten Geschäfte (Boutiquen und kleine Spezialitätenläden) findet man am Rindermarkt, in der Grabengasse, der Theresienstraße, der Brunn- und der Großen Klingergasse.

Mit Fred Adlmüller und Helmut Lang bietet Wien zwei Modeschöpfer mit Weltruf. Bei Plankl am Michaelerplatz geht es etwas weniger extravagant zu. Hier wird klassische, zeitlose Trachtenmode geboten. Berühmte Einkaufspassagen sind am eleganten Kohlmarkt, am exklusiven Graben und an der Ringstraße zu finden. Beide Straßen, die bekannten Kärntner Straße und Mariahilfer Straße, sind geprägt durch geschäftige Betriebsamkeit. Sie sind die beiden traditionellen Einkaufsstraßen der Wiener mit z. T. großen Kettengeschäften der europäischen Bekleidungshäuser. Hier finden sich auch die klassischen Urlaubsmitbringsel, wie Musik-CDs mit Walzerklängen, Miniatur-Lipizzaner aus Porzellan etc. In Budapest wären diese mit der Váci utca zu vergleichen. Dort ist aber auch am Großen Ring (Magarethenbrücke bis Rákóczi út) ein dichtes lebhaftes Geschäftsviertel entstanden. Beachtenswert: die Hinterhöfe und kleinen Geschäfte in Torgängen. Hier wird Neugierde belohnt! Wer will, kann natürlich Maß nehmen lassen und sich ein paar echte Budapester Herrenschuhe anfertigen (→ Einkaufen, S. 81) und nach Hause schicken lassen.

Trachten aus Wien oder Schuhe aus Budapest?

Märkte sind ein Muss! Ob in Wien der Naschmarkt, die Flohmärkte am Wochenende oder die Markthallen in Budapest. So manches Souvenir kann man hier finden. In Belgrad gehören die Bauernmärkte (»pijaca«) zu den Sehenswürdigkeiten, die man sich nicht entgehen lassen sollte. Besonders interessant sind sie an Wochenenden (geöffnet 6–19 Uhr). Die bekanntesten sind Kaleniceva pijaka, ein großer Marktplatz zwischen den Straßen Njegoseva und Maksima Gorkog und Bajlonijeva pijaca, zu dem über 100 000 Kunden täglich in die Djordja Vasingtona ulica strömen. In Novi Beograd befindet sich mit dem Pijaka OTC der größte Marktplatz der Stadt. Hier wird alles außer Lebensmitteln unter dem Motto »Von der Nadel bis zur Lokomotive« angeboten.

Auf den Märkten finden sich die Schnäppchen

Handgefertigte Pullover und andere Strickwaren, geschnitzte Holzfiguren sowie Lederwaren, Taschen, Gürtel oder Geldbeutel findet man in Belgrad auf Marktplätzen und bei Straßenverkäufern. Als Souvenirs bieten sich auch Kupfererzeugnisse, filigraner Silberschmuck, Kristallvasen oder -gläser und Keramikwaren an. Wer es typisch mag, kauft »opanci«, einfache Bauernschuhe aus Leder. Diese sind nur echt, wenn die Schuhspitze nach oben gezogen ist!

Auch wenn Pflaumenschnaps in vielen Ländern hergestellt wird, die Serben betrachten ihren »Šljivovica« als den einzig echten und besten. Als Mitbringsel eignet sich eine Flasche »Žuta osa« (Gelbe Wespe).

Die Geschäfte haben meist von 9 bis 18 Uhr, teilweise bis 20 Uhr geöffnet. Es kann aber auch Abweichungen davon geben. In fast allen Orten, an denen die Kreuzfahrtschiffe anlegen, kann in Geschäften und selbst den Markthallen mit gängigen Kreditkarten gezahlt werden.

Feste und Events

Das ganze Jahr über erklingen entlang des Donauufers traditionelle und moderne Klänge.

Alljährlich im Sommer finden im Strudengau in Österreich die Donaufestspiele statt. Die Festwochen bestechen durch ihren musikalischen Reichtum und die einzigartigen Veranstaltungsorte. Ein gutes Beispiel dafür ist der Arkadenhof von Schloss Greinburg.

Was wäre die Donau ohne Musik? Das ganze Jahr über erklingen von den Ufern des Flusses in Weingärten, auf Straßenfesten und in Konzertsälen altbekannte, aber auch immer öfter moderne Rhythmen, denn die beeindruckende Landschaft wird begleitet von einem vielfältigen Kulturangebot!

Januar

Neujahrskonzert der Wiener Philharmoniker

Klassische Stücke von Strauß, Mozart und Beethoven begrüßen im Musikvereinssaal das Neue Jahr. Höhepunkt ist der Donauwalzer.

1. Januar; Bösendorferstr. 12; Tel. 00 43/ 1/5 05 65 25; www.wienerphilharmoniker.at; U-Bahn: Karlsplatz

März

Budapester Frühlingsfestival

Größte künstlerische Veranstaltung des Jahres in Ungarn mit Konzerten in- und ausländischer Solisten, Ensembles, Opern- und Theateraufführungen. Interart: Veranstaltungsbüro des Festivalzentrums.

V. Vörösmarty tér 1; Tel. 00 36/1/ 2 66 31 08, Fax 3 17 99 10; www.festivalcity.hu; Metro: Vörösmarty tér

Mai/Juni

Budapester Kirmes

Das Volksfest existiert seit dem Abzug der Sowjettruppen (19. Juni 1991).

Drittes Wochenende im Juni; an verschiedenen Orten

Donauinselfest in Wien

Für drei Tage ist die Donauinsel Schauplatz eines riesigen Gratis-Freiluft-Events mit Parties und Konzerten von und mit Lokalgrößen.

Ende Juni; XXII. Donauinsel; www.donauinselfest.at; U-Bahn: Donauinsel

Juni/Juli

Europäische Wochen in Passau

Über die Grenzen bekannt; mit internationalen Solisten und Ensembles finden Konzerte, Balletts, Kirchenkonzerte, Filmvorführungen, Lesungen, Opern, Theater- und Musicalaufführungen statt.

Kartenzentrale Europäische Wochen Passau, Schustergasse 21/Ecke Michaeligasse; Tel. 08 51/75 20 20; www.ew-passau.de

Jazzfest Wien

Die Größten des Jazz geben sich in der Staatsoper, im Burgtheater und an anderen illustren Orten die Klinke in die Hand.

Ende Juni/Anfang Juli; www.viennajazz.org

Belgrader Sommerfestival

Das »Beogradski letnji festival« – kurz BELEF – findet in der ganzen Stadt, in Sälen und auf öffentlichen Plätzen statt. Konzerte, Ballett, Theater.

www.belef.org.yu

Jüdisches Sommerfestival in Budapest

Verschiedene kulturelle Veranstaltungen: klassische Konzerte, Filme, Ausstellungen, Buchvorstellungen, Klezmer, Operette und Theater.

Ende August/Anfang September; www.jewishfestival.hu

Juli/August

Donaufestwochen

Das Strudengau in Oberösterreich bietet alljährlich an verschiedenen Veranstaltungsorten Konzerte alter Meister sowie Jazz und Ausstellungen.

28. Juli–15. Aug.; Kartentel. 00 43/0/ 72 68/3 73; www.donau-festwochen.at

Oktober

Monat der Museen in Budapest

Die Museen zeigen vor allem neue Ausstellungen, präsentieren spezielle Kunstschätze und informieren über neue Forschungsergebnisse.

Ende November/Dezember

Weihnachtsmärkte

Zauberhafte Weihnachtsmärkte gibt es in allen Städten entlang der Donau.

Sport und Freizeit

Golf, Radeln, Wandern, Theater – das Angebot an Aktiv-Kreuzfahrten wächst.

Die meisten Flusskreuzfahrtschiffe geben sich mit einer Shuffleboardbahn an Deck nicht mehr zufrieden, sondern bieten ihren Gästen unter anderem einen luxuriösen Wellness- und Spa-Bereich.

Immer mehr wird bei der Programmgestaltung auf Themenkreuzfahrten gesetzt, die von Städtereisen über Aktivreisen bis hin zu Genuss- und Wellnessreisen reichen. Vorbei sind die Zeiten, als sich auf Kreuzfahrtschiffen die körperliche Betätigung auf Shuffleboard, Tontaubenschießen oder eine Jogging-Runde auf Deck beschränkte. Heute bietet jedes Schiff zumindest einen Fitnessbereich. Für die Veranstalter von Flusskreuzfahrten lautet die Devise, dem Gast eine Kombination aus Sport und Wellness, Kultur und Freizeit anzubieten.

Fahrradkreuzfahrten

Alljährlich zieht gerade der Abschnitt zwischen Passau und Bratislava tausende von Radfahrbegeisterten an. Grund genug auch, den Schiffsgästen ein Biking-Programm zu bieten. Trekkingfahrräder werden gestellt, und die Führer sind für Fahrradtouren bestens vorbereitet. Auf engen Gassen und durch herrliche Weinberge geht es so z. B. von Krems nach Melk. Wer will, kann auch die Sehenswürdigkeiten Wiens auf dem Fahrrad erkunden.

Wanderkreuzfahrten

Angepasst an das Kreuzfahrtpublikum und das Leistungsvermögen der Teilnehmer werden Wanderungen zu Sehenswürdigkeiten angeboten. Begleitet werden die Ausflüge von qualifizierten Wanderführern, die auch über das, was sich am Wegesrand findet, viel zu erzählen haben. Besonders geeignet sind die Umgebung von Dürnstein, die reiche Natur im Strudengau von Grein nach Sarmingstein, der Piliser Parkwald bei Visegarad oder die Donauauen bei Bratislava.

Golfkreuzfahrten

Golf auf Kreuzfahrtschiffen bedeutet nicht mehr nur, dass auf dem Putting green auf dem Sonnendeck eine ruhige Kugel geschoben wird oder vom Achterdeck etwas dekadent Bälle ins Wasser abgeschlagen werden. Denn in acht Tagen werden meist drei 18-Loch-Golfplätze angesteuert (u. a. Fontana Golfclub südlich von Wien, der Pannonia G&C Club in Esztergom, der Golfclub Donau bei Linz). Alle Transfers zu den Plätzen sind im Paket enthalten, und Abschlagzeiten sind vorreserviert. Hervorragend organisiert z. B. von der Deilmann Reederei und den Arosa Schiffen.

Theater-, Opern- und Musicalkreuzfahrten

Da die Schiffe fast immer auch über Nacht in Wien oder Budapest Station machen, bietet es sich an, den Aufenthalt mit einem Kulturprogramm zu verbinden. Bei Reisen, die unter diesem Motto stehen, treten junge Künstler zu Konzerten an Bord auf oder werden große Opern- oder Musicalhäuser besucht.

Christkindlmarkttouren

Seit 2005 wird auch verstärkt der Winterfahrplan ausgebaut. Die stille Zeit des Jahres ist eine ganz besondere, um die Donaustädte in ihrem Lichterglanz zu genießen und der Hektik des Alltags zu entfliehen. Noch ruhiger scheint das Schiff dahinzugleiten, und das Programm ist ganz besonders auf die vorweihnachtliche Zeit abgestimmt: Besuche bei Lebkuchenbäckern und Kerzenziehern wie auch Ausflüge zu Christkindlmärkten sind beschaulich und werden vom klangvollen Glockenspiel der großen Kirchen untermalt.

Kulinarische Kreuzfahrten

Kreuzfahrten stehen zwar generell im Ruf, ihre Gäste mit hervorragender Küche zu verwöhnen, doch manchmal werden noch zusätzlich wahre Gourmet-Highlights serviert. Extra arrangierte Wein-Degustations-Menüs, bei denen neben den Spezialitäten der Regionen auch Kostproben verschiedenster Weine gereicht werden, versprechen eine kulinarische Entdeckungsreise.

Unterwegs auf der Donau

In der Wachau in Österreich, nordöstlich von Stift Melk, befindet sich die Klosterkirche Schönbühel (→ S. 50) aus dem 17. Jahrhundert. Die ersten Sonnenstrahlen im Frühjahr laden dazu ein, die beeindruckenden historischen Bauten, die das Donauufer säumen, vom Sonnendeck aus zu bestaunen.

Wie ein großer Panoramafilm ziehen die schönsten Landschaften Europas am Donaureisenden vorbei und laden zum Kennenlernen ein – wie gut, dass die Schiffe oft anlegen!

Passau

Leinen los! Doch zuvor ein Besuch in der Drei-Flüsse-Stadt mit ihrem imposanten Dom.

Und los geht die Donaukreuzfahrt! Startpunkt ist Passau in Bayern. Es lohnt sich, einen Tag früher anzureisen, um die Altstadt und den berühmten Stephansdom (→ S. 36) in Ruhe besichtigen zu können. Viele Hotels bieten einen Shuttle-Service zum Schiff an.

Passau

50 000 Einwohner
Stadtplan → S. 35

Die klassische Donaukreuzfahrt beginnt in der Drei-Flüsse-Stadt Passau, wo sich zwei wasserreiche und schiffbare Flüsse, die Donau und der Inn, treffen. Der dritte Fluss ist die von Norden her einmündende Ilz. Zwischen der Ortspitze, dem Zusammenfluss der drei Flüsse, und der Schanzlbrücke legen die meisten Donauschiffe an. Von hier aus sind es 579 km bis Budapest und 2226 km bis zum Schwarzen Meer.

Bereits 739 wurde Passau zum Bischofssitz mit Diözese und erhielt vor der Jahrtausendwende Stadtrecht. Mit dem steten Bedeutungsgewinn der bischöflichen Grundherrschaft wuchs auch der Einfluss der Stadt Richtung Böhmen und donauabwärts. Der heute berühmte Wiener Stephansdom ist eine Filialkirche des Passauer Stephansdoms! Zur wirtschaftlichen Blüte entwickelte sich die Stadt vor allem im Zusammenhang mit dem Salzhandel. Das »weiße Gold« aus der Saline Reichenhall und Hallein wurde mit Schiffen über Salzach und Inn nach Passau befördert. Nach kurzem Transport über die Donau gelangte das Salz nach Böhmen. Der steigende Bedarf garantierte Passau eine Blüte bis ins 16. Jh. Im Verlauf der Jahre ging jedoch nicht nur die wirtschaftliche Bedeutung der Stadt verloren, sondern mit der Gründung der Diözesen Linz, Wien und St. Pölten auch die geistliche. 1803 erfolgte dann die Eingliederung nach Bayern.

Heute ist Passau eine moderne Universitätsstadt, die durch ihre Schönheit besticht. Wegen des immer wieder anzutreffenden italienischen Barocks und der vielen Uferpromenanden, die zum Spazieren einladen, spricht manch einer auch gern vom »Venedig der Donau«.

Hotels

Hotel König → S. 35, a 1

In der historischen Altstadt am Ufer der Donau, unmittelbar an den Schiffsanlegestellen gelegen, empfängt man hier seine Gäste im stilvollen Ambiente. Ein Service des Hauses: Wer vor oder nach einer Donaukreuzfahrt im Hotel König übernachtet, dem wird ein kostenloser Koffer- und Gepäcktransfer angeboten.

Untere Donaulände 1; Tel. 08 51/38 50, Fax 38 54 60; www.hotel-koenig.de; 61 Zimmer ●● CREDIT

Hotel Residenz → S. 35, c 2

Bereits im 15. Jh. Quartier für Handelsleute und Reisende. Die Altstadt und die Donau liegen vor der Tür.

Fritz-Schäffer-Promenade; Tel. 08 51/ 9 89 02-0, Fax 98 90 2-2 00; 51 Zimmer ●● CREDIT

Hotel Schloss Ort → S. 35, d 2

Das alte Schlossgemäuer von 1250 ist seit mehr als 125 Jahren die richtige Adresse für Romantiker. In ruhiger Lage zwischen Inn und Donau an der Ortspitze bietet es Gästezimmer mit allen Annehmlichkeiten.

Im Ort 11; Tel. 08 51/3 40 72-73, Fax 3 18 17; www.schlosshotel-passau.de; 18 Zimmer ●● CREDIT

Wilder Mann → S. 35, c 2

Noch immer ist man stolz auf einen der berühmtesten Gäste, die Wittelsbacherin Elisabeth, Kaiserin von Österreich. Sie verbrachte im Jahr 1862 acht Tage im Wilden Mann, traf sich hier mit ihren Eltern Herzog Max und Herzogin Ludowika von Bayern und mit ihrer Schwester Königin Marie von Bourbon-Neapel. Neben schönen Einbettzimmern, stilvollen Doppelzimmern und Gartenzimmern mit Balkon sind die historischen Appartements von König Ludwig II. und der Kaiserin Elisabeth II. zu buchen.

Am Rathausplatz; Tel. 08 51/3 50 71, Fax 3 17 12; www.wilder-mann.com; 49 Zimmer ●● CREDIT

MERIAN-Tipp

1 Scharfrichter Haus

Wer bislang Kabarett in Passau nur mit dem Politischen Aschermittwoch verband, wird überrascht sein, dass hier mit dem Scharfrichter Beil eine der namhaftesten Auszeichnungen für Nachwuchskabarettisten verliehen wird (1983 H. P. Kerkeling). Über das ganze Jahr hinweg finden im Scharfrichter Haus Veranstaltungen in den Bereichen Jazz, Kabarett, Chanson und Theater sowie Lesungen statt. Immer provokant und von ausgewählter Klasse. Wenn der Scharfrichter zuschlägt, kann manchmal eine schwarze Stadt rote Ohren bekommen. Kaffeehaus mit dem morbiden Ambiente eines mittelalterlichen Gefängnisgewölbes.

Restaurant und Bar, Milchgasse 2;
Tel. 08 51/3 59 00; Fax 26 35

Spaziergang

Die Passauer Altstadt lässt sich in ca. 1,5 bis 2 Stunden ganz gemütlich zu Fuß erkunden. Unzählige kleine Gässchen, hübsche alte Geschäfte und beeindruckende Hausfassaden vermitteln das italienische Flair, das Passau zu einer der schönsten Städte in ganz Europa macht.

Der ideale Ausgangspunkt für einen Stadtrundgang ist der **Rathausplatz**, auf dem von 1000 bis 1842 der Fischmarkt der Stadt abgehalten wurde. Das **Rathaus** mit seinem markanten Turm steht als Symbol für den über 200 Jahre währenden Kampf der Bürger gegen die Vorherrschaft der fürstbischöflichen Macht.

Zwischen Altem und Neuem Rathaus am Rathausplatz befindet sich das Glasmuseum. Vier Altstadthäuser am Rathausplatz wurden 1985 von der Familie Höltl zum Wilden Mann (→ S. 33) vereint und zu dem renommierten Hotel und **Glasmuseum** ausgebaut. Feierlich eröffnet durch den Amerikaner Neil Armstrong – dem ersten Menschen, der den Mond betrat –, beherbergt es mit über 30 000 Gläsern, von denen 13 000 ausgestellt sind, die weltweit größte Sammlung Böhmischen Glases (1700 bis 1950). Hier wird auf diese Weise eines der wichtigsten Kapitel zur wirtschaftlichen Blüte Böhmens umfassend wiedergegeben.

Die Schrottgasse hinauf geht es nach rechts zum schönsten Platz der Stadt, dem **Residenzplatz**, früherer Marktplatz der Bürgerschaft. Er besticht durch seine geschlossene barocke Bebauung. Diese wird unterstrichen durch das für den Raum zwischen Innsbruck, Salzburg und Passau typische Inn-Salzach-Haus mit waagerechten Vorschussmauern und Grabendach. Auf dem hundert Jahre alten **Wittelsbacherbrunnen** symbolisieren drei Putten Passaus Flüsse Donau, Inn und Ilz. Vorbei an der **Neuen Residenz** mit dem Rokoko-Treppenhaus aus dem 18. Jh. geht es durch die Zengergasse zur Hauptsehenswürdigkeit, dem **Stephansdom** mit seinem imposanten Inneren und der berühmten Orgel.

Durch die Grabengasse geht es weiter vorbei an der Fußgängerzone in das verwinkelte malerische **Gassenviertel**. In der **Klosterkirche Heiligkreuz von Niedernburg** werden die Gebeine der Seligen Gisela aufbewahrt. Sie war bayerische Prinzessin, Gattin des hl. Stefan, erste ungarische Königin und Äbtissin des Klosters Niedernburg. An der Ortspitze mit dem **Drei-Flüsse-Eck** vereinen sich Donau, Inn und Ilz. Bei Ihrer Abfahrt von Passau sollten Sie unbedingt einen Blick zurück auf die Silhouette der Stadt werfen. Vielleicht schließen Sie sich ja der Meinung mancher an, die sagen, Passau sei eine »schwimmende Stadt«.

Zurück auf dem Rathausplatz gelangen Sie mit einem Pendelbus oder zu Fuß über die Hängebrücke und dann den Hang über die Stiege hinauf

zur **Veste Oberhaus.** Fürstbischof Ulrich erbaute 1219 die Trutzburg unter dem Namen Georgsburg. 1298 wagten es die Passauer Bürger, gegen den Bischof zu rebellieren. Er nahm daraufhin die Stadt von der Burg aus unter Beschuss und beschädigte sie so schwer, dass die Bürger aufgaben. Wo es ein Oberhaus gibt, muss es auch ein Unterhaus geben. In Passau entstand dieses in der ersten Hälfte des 14. Jh. als **Wasserveste** im Mündungsbereich der Ilz in die Donau. Im 15. und 18. Jh. wurde die Burganlage zur Sicherung fürstbischöflicher Macht, insbesondere gegen die Aufstände der Passauer Bürgerschaft, immer wieder erweitert und ausgebaut.

Sehenswertes

Dom St. Stephan → S. 35, b 2

Der Dom, erbaut auf der höchsten Stelle zwischen Donau und Inn, besaß bereits um das Jahr 450 in der spätantiken Stadt Batavis eine Vorgängerkirche. Als Bischofskirche erstmals 730 erwähnt, war sie seit 739 Kathedrale der Diözese. Ein Stadtbrand 1662 hat von den früheren Bauphasen keine sichtbaren Spuren hinterlassen. Nur der spätgotische Ostteil (1407–1560) konnte in den barocken Neubau des italienischen Baumeisters Carlo Lurago (1668–1693) integriert werden, der den größten barocken Kircheninnenraum nördlich der Alpen und die bedeutendste Barockkirche italienischer Prägung auf deutschem Boden erdachte. Giovanni Battista Carlone schuf eine beeindruckende Innenausstattung mit üppigem Stuckwerk und Altaraufbauten im Stil des italienischen Hochbarocks. Die vergoldete Kanzel, ein wahres Prachtwerk, ist im Jahr 1726 in Wien entstanden.

Ab Mai Mo–Sa um 12 Uhr (Erwachsene 3 €) und Do um 19.30 Uhr (Erwachsene 5 €) Orgelkonzerte; geistliche Konzerte an bestimmten Donnerstagen von Mai–Okt. (Erwachsene 8 €); Gottesdienste an Sonn- und Feiertagen 7, 8, 9.30 und 11 Uhr

Museum Moderne Kunst → S. 35, c 2

Das Museum zeigt Kunst des 20. und 21. Jh. in einem aufwendig sanierten Haus aus dem 16. Jh. Ehemals als Priesterhaus genutzt, wurde es nach 1870 zum bürgerlichen Wohnhaus. Eine kulturelle Visitenkarte ersten Ranges sind die international beachteten Ausstellungen im Museum Moderne Kunst Stiftung Wörlen (u. a. Keith Haring, Yoko Ono, Christo).

Bräugasse 17; Tel. 08 51/38 38 79-0; www.mmk-passau.de; Di–So 10–18, Do 10–21; Bus: Linie 1, 2, 3, 4 und City-Bus, Haltestelle Römerplatz

Rathaus → S. 35, c 2

Das heutige Rathaus entstand 1393. Die Turmspitze, damals mit einer Statue des Erzengels Gabriel versehen, sollte dem gegenüber in der Veste Oberhaus residierenden Bischof signalisieren, dass die Bürger der Stadt den Kampf aufnehmen. Die Stadtbrände von 1662 und 1680 zerstörten das Rathaus bis auf die Gewölbe und Grundmauern. Auch das Hochwasser

Auf dem Domplatz vor St. Stephan erkundet der »Regenprüfer« seit 1824 das Wetter.

umspülte mehr als einmal das Gebäude. Der alte Rathausturm musste wegen Baufälligkeit 1811 abgetragen werden. 1891 wurde ein neuer Turm im neugotischen Stil errichtet. Die äußere Wandbemalung zeigt Kaiser Ludwig mit vier seiner Kurfürsten. Am Rathausturm weisen die Hochwassermarken der vergangenen Jahrhunderte darauf hin, wie sehr die Altstadtbevölkerung durch diese immer wieder auftretende Naturkatastrophe leiden musste und muss.

Veste Oberhaus → S. 35, c 1

Mit 65 000 qm zählt sie zu den größten und mächtigsten Burganlagen Europas. In den Jahren 1822 bis 1918 zur Militärstrafanstalt des Königreiches Bayern bestimmt, wurde das Oberhaus 1932 in ein Museum umgewandelt. Von hier aus hat man einen prächtigen Blick über die Innenstadt. Man sieht die auf der Innseite den Fluss überragende Wallfahrts- und Klosterkirche Mariahilf.

Oberhaus-Museum, Veste Oberhaus 125; Tel. 08 51/493 35 12, Fax 4 93 35 10; Pendelbus zum Oberhaus ab Rathausplatz (alle 30 Min.) 10–17, Sa, So 10–18 Uhr, ab Oberhaus (alle 30 Min.) 10.15–17.15, Sa, So 10.15–18.15 Uhr

Restaurants

Heilig-Geist-Stiftsschänke → S. 35, westl. a 2

Der über 1000-jährige Stifts-Gewölbekeller ist wohl der gemütlichste Platz in Passau, um Schmankerl bayerischer, ober- und niederösterreichischer Küche, wie Donau-Waller »blau«, Wachauer Tafelspitz und zum Dessert Passauer »Schlosserbuam« (ausgebackene Dörrpflaumen mit Vanillesoße) zu genießen. Empfehlenswert ist der Passauer Stiftswein, ein Riesling vom hauseigenen Anbaugebiet in Krems.

Heilig-Geist-Gasse 4; Tel. 08 51/26 07, Fax 3 53 87; www.stiftskeller-passau.de; Do–Di 10–1 Uhr, durchgehend warme Küche bis 24 Uhr ●● CREDIT

Restaurant & Hotel Waldschloss

Nur 1 km vom Kloster Mariahilf entfernt an der Stadtgrenze zu Österreich liegt das Waldschloss. Hier kann man in rustikal-edlem Ambiente hervorragend und trotzdem vergleichsweise günstig feinste österreichische Hausmannskost und regionale Spezialitäten genießen. Noch ist es ein Geheimtipp!

Gattern 1, A-4784 Schardenberg-Mariahilf; Tel. 00 43/77 13/67 40 00, Fax 6 74 10; www.waldschloss.at ● CREDIT

Einkaufen

Café Simon → S. 35, a 1

Die Alt-Passauer Goldhauben-Pralinen werden mit echtem Blattgold verziert und gegessen. Sie sind eine Premium-Spezialität der Passauer Traditions-Confiserie Simon und haben den hübschen Kopfschmuck der Damen des ältesten Passauer Trachtenvereins zur Vorlage.

Am Rindermarkt 10; Tel. 08 51/38 38 85, Fax 3 83 88 59; www.pralinengalerie.de

Bücher Pustet → S. 35, a 3

Wer noch ein Buch für die Reise benötigt, der wird in der Universitätsbuchhandlung sicher fündig.

Nibelungenplatz 1; Tel. 08 51/ 5 60 89-0, Fax 5 60 89 50; www.pustet.de

Mia Sorella → S. 35, a 2

Taschen, Tücher, Schals aus hochwertigen Materialien und schöner Modeschmuck, falls noch ein Accessoire für den Auftritt an Bord fehlt.

Rosengasse 5; Tel. 08 51/4 90 87 70; Fax 4 90 87 71; www.miasorella.de

Service

Passau Tourismus e.V. → S. 35, c 2

Rathausplatz 3 (Neues Rathaus), 94032 Passau; Tel. 08 51/9 55 98-0, Fax 3 51 07; E-Mail: tourist-info@passau.de; Nebenstelle schräg gegenüber (links) vom Hauptbahnhof: Bahnhofstr. 36; Tel. 08 51/9 55 98-0, Fax 5 72 98; www.passau.de

Von Passau nach Linz

Burgen, Schlösser, Klöster – dazwischen die Schlögener Schlinge, eine Haarnadelkurve der Donau.

Bei Jochenstein befindet sich die erste Schleuse der Kreuzfahrt. Sie bildet die Grenze zwischen Deutschland und Österreich.

Beginn und Ende

In Passau, wo für Kreuzfahrer die Reise erst losgeht, ist sie für das Flüsschen Ilz nach 65 km und für den großen Inn nach 517 km zu Ende.

Schon die ersten Kilometer entlang der Donau begeistern. Es scheint, als wolle der Fluss gleich zu Beginn der Reise all seine Schönheit unter Beweis stellen. Enge Talpassagen mit steilen bewaldeten Hängen, an denen wie Adlerhorste mittelalterliche Burgruinen thronen, malerisch gelegene Ortschaften, deren bunte Fassaden vom Ufer aus leuchten, und blühende Wiesen und Felder wechseln einander ab.

In Passau ist die Donau im Anlegebereich der Schiffe zwischen Hängebrücke und Schanzlbrücke nicht breit genug, um ein Wendemanöver vorzunehmen. Daher müssen einige, meist auch längere, Schiffe zunächst ein kurzes Stück flussaufwärts fahren. Das gibt aber die Möglichkeit, von Deck aus die schöne Lage der Stadt und die historischen Gebäude zu bewundern. Nach dem Passieren der Hängebrücke nicht den Blick zurück vergessen: auf die **Veste Niederhaus** und den Mündungsbereich der Ilz in die Donau – ein schönes Fotomotiv mit der über allem thronenden **Veste Oberhaus** und gegenüber die spitz zulaufende Landzunge der Ortspitze sowie die Mündungsstelle des Inns in die Donau.

Vereinigung der Flüsse

Im Frühjahr, nach der Schneeschmelze in den Alpen, kann hier ein kleines Naturschauspiel beobachtet werden. Der sehr schnell fließende Inn bringt das vom Schmelzwasser und mitgeführten Sedimenten hellcremefarbene Wasser, während die langsam fließendere Donau und die Ilz dunkles, fast schwarzes Wasser herbeiführen. Nach dem Zusammentreffen der drei Flüsse fließen dann Donau und Ilz, vereint und für jeden sichtbar, neben dem Inn – helles Wasser neben dunklem –, bis sie nach einer der nächsten Flussbiegungen gemeinsam den Weg zum Schwarzen Meer aufnehmen. Noch im Stadtgebiet von Passau, bei den neuesten Anlegestellen für Flusskreuzfahrtschiffe, wird die Donau »zweigeteilt«, zumindest was die Staatszugehörigkeit angeht. Bis nach Jochenstein gehört die rechte Uferseite zu Österreich und die linke zu Deutschland, die Grenze verläuft in der Flussmitte.

Inn-Geschichten
Der Inn entspringt am Malojapass im Engadin, durchfließt unter anderem den St. Moritzersee, kommt dann an Innsbruck, Rosenheim und Wasserburg vorbei und ist meist nur zwischen Kufstein und der Mündung schiffbar.

Kurz hinter Passau durchquert die Donau für längere Zeit ein wunderschönes Engtal. Die mit 290 bis 550 m zum Teil recht steilen Hänge gehören am linksseitigen Ufer seit 1986 zum **Naturschutzgebiet Donauleiten**; 400 verschiedene Pflanzenarten und unzählige Tierarten haben hier ihren Lebensraum. Bei genauem Hinhören kann von Bord das Trommeln der Spechte, der Ruf des Pirols oder die Gesänge der Grillen vernommen werden. Mit viel Glück ist zu beobachten, wie ein majestätischer Schwarzstorch seine Kreise über dem Schiff zieht.

Artenvielfalt
Die an den Donauleiten vorkommende Östliche Smaragdeidechse gehört zu den Echten Eidechsen und ist neben ihrer Westlichen Schwester die größte ihrer Art in Deutschland.

Die bewaldeten Hänge werden immer wieder von stolzen Burgen oder Ruinen unterbrochen. Es gibt wohl keinen Abschnitt der Donau, der eine ähnliche Dichte an Burgen aufzuweisen hat wie zwischen Passau und Linz.

Die erste ist **Burg Krämpelstein**, das »Schneiderschlössl« (14. Jh.), nur 10 Flusskilometer nach Passau. Eine Sage rankt sich um diese am rechten Ufer gelegene Ruine: Einst soll ein Schneider wütend seine letzte, kurz zuvor verstorbene Ziege über die Burgmauern zur Donau hinuntergeworfen haben. Da er sich in den Hörnern des Tieres verfing, wurde er selbst in die Tiefe gezogen und ertrank elendlich im Fluss.

Nach nur kurzer weiterer Fahrt wird an der linken Uferseite der kleine Marktort **Obernzell** passiert. Es ist die letzte deutsche Ortschaft vor der österreichischen

Grenze, mit der ehemaligen Sommerresidenz der Passauer Bischöfe, fertig gestellt 1598, und der zweitürmigen Pfarrkirche Mariä Himmelfahrt (18. Jh.).

Die erste Schleuse

Sagenhafte Gestalt
Die Nixe Isa wohnte am Grunde des Jochenstein. Ihr Gesang lockte die Schiffer auf Felsen und Sandbänke, erst ein Madonnenbild vertrieb sie für immer.

Bevor in **Jochenstein** die erste **Schleuse** durchfahren wird, ist auf einer Anhöhe (330 m) über dem Fluss die **Burg Vichtenstein** (11. Jh.) zu sehen. Die Staustufe Jochenstein (erbaut zwischen 1953 und 1956), eine Zweikammern- oder Doppelschleuse (24 x 240 m) mit einer Fallhöhe von 10,2 m, erbringt mit ihrem Wasserkraftwerk eine Jahresleistung von 94 Mio. kWh. Nach der Schleuse wird auf einer kleinen Felsinsel im Fluss die Statue des Heiligen Nepomuk sichtbar. Er soll, so die Sage, die Nixe Isa, eine Schwester der Loreley, von dieser Insel vertrieben haben.

Für die Mannschaft an Bord ist das Ein- und Ausfahren in die Schleusen Routine, für die Passagiere an Bord jedes Mal ein spannender Moment. Gut, dass dieser sich immer deutlich ankündigt, denn das Schiff vermindert schon in gebührendem Abstand merklich die Fahrt. Solche Schleusenmanöver – auf der Wegstrecke nach Linz und weiter nach Wien gibt es zahlreiche – können jeweils bis zu einer Stunde dauern. Diese vereinbarten Schleusenzeiten sollten auch tunlichst eingehalten werden, denn es herrscht reger Verkehr auf der Donau. Millimeterarbeit ist erforderlich, zum Greifen nah sind dabei die Mauern der Schleusen. Ist das neue Niveau der aufgestauten Donau erreicht, öffnet sich die Kammer, und der Kapitän kann wieder Fahrt aufnehmen.

Demut und Askese
Die Trappisten von Stift Engelszell lehnen wissenschaftliche Tätigkeiten ab, gehen schweigend Handwerk und Landwirtschaft nach.

Nach der Schleuse bei Jochenstein fließt die Donau dann komplett auf österreichischem Staatsgebiet. Eingebettet in die zauberhafte Flusslandschaft liegt das Zisterzienserkloster **Stift Engelszell** in Engelhartszell. 1293 vom Passauer Bischof Wernhard von Prambach gegründet, wird es seit 1925 vom Trappistenorden mit geistigem Leben erfüllt.

Eindrucksvolle Schlögener Schlinge

Auf dem Weg von Engelhartszell folgen im kurzen Abstand: **Burg Rannaried** (14. Jh., in Privatbesitz), **Burg Wesenstein** (11. Jh. und im 16. Jh. zerstört) und **Burg Marsbach** (12. Jh., ehemals Residenz der Passauer Bischöfe, heute Schlosshotel).

Römische Zeugnisse
Das Donaukastell in Schlögen war Teil eines Flottenstützpunktes, der vermutlich zu Batavia, dem römischen Passau, gehörte.

Einen der ersten großen landschaftlichen Höhepunkte erreicht die Fahrt dann bereits kurz hinter Burg Marsbach mit der **Schlögener Schlinge**. Sie ist nur vom Schiff aus so richtig zu erfassen. Nach dem Ort Schlögen benannt, bildet die Donau hier zwei relativ enge Stromkehren, bei denen sie die Richtung jeweils um

Ein Stück wunderschöne Natur ist die Schlögener Schlinge. Die Donau beschreibt hier zweimal ein U und wechselt mehrmals die Laufrichtung.

180 Grad wechselt. In der ersten Kehre wird die **Burgruine Haichenbach** sichtbar. Wer bislang noch nicht mitbekommen hat, dass das Schiff eine Flussschlinge befährt, merkt es an der Burg, denn einmal ist sie von vorn und nach wenigen Metern von hinten zu sehen.

Bevor sich bei Eferding das ab Passau recht enge Tal zum **Eferdinger Becken** öffnet, wird bei Aschach erneut eine Doppelschleuse mit einer Fallhöhe von 15,3 m durchfahren. Dann aber weitet sich das Donautal wieder in eine fruchtbare Auenlandschaft mit großzügigen Schotterflächen beiderseits des Flusses. In kurzem Abstand folgt schon die nächste Staustufe bei Ottensheim mit einer Fallhöhe von 10,7 m.

Kurz vor Linz schmückt sich der kleine Ort Wilhering mit einem besonderen kunsthistorischen Juwel. Im Jahr 1146 kamen die Zisterziensermönche nach Wilhering und errichteten ein Kloster. Beachtlich ist besonders die prachtvolle Stiftskirche. Sie gilt als eine der schönsten Rokokokirchen Österreichs.

Stift Wilhering

Noch etwa 30 Mitglieder zählt die Klostergemeinde, die auch das 1895 gegründete Stiftsgymnasium unterhält. Hochzeitspaare wählen die von Bartolomão Altomonte um 1740 freskierte Stiftskirche oft für ihre Trauung.

Langsam nähert sich das Schiff dann **Linz**, der ersten größeren Stadt. Manche Veranstalter bieten von Oberösterreichs Landeshauptstadt einen Tagesausflug nach Salzburg an, während andere in Linz nur über Nacht Station machen. Einige Schiffe passieren die Stadt sowohl bei der Donauabfahrt als auch bei der »Bergfahrt« (donauaufwärts). Schon allein dieses Beispiel zeigt: Achten Sie bei der Wahl des Schiffes auch darauf, welche Häfen angesteuert werden und wie lange dort die Liegezeiten sind, sonst mag Ihnen der ein oder andere erhoffte Landausflug entgehen.

Linz

Österreichs größte Hafenstadt ist auch eine beachtenswerte Kulturstadt mit modernsten Museen.

Den Linzer Hauptplatz schmückt nicht nur die Dreifaltigkeitssäule von 1723, denn dienstags und freitags erstrahlen hier die farbenfrohen Stände des Stadtmarkts, auf dem allerlei regionale Köstlichkeiten angeboten werden.

Linz

188 000 Einwohner
Stadtplan → S. 45

Linz liegt auf 266 m über Meereshöhe an der Stelle im Flusslauf, an der die Donau nach dem Durchbruch zwischen Kürnberger Wald und Mühlviertel in die Ebene hinaustritt und einen nach Norden gerichteten Halbkreis beschreibt. Dieser war auch namensgebend für die Stadt, denn die römische Bezeichnung »lentia« leitet sich vom keltischen Wort »lentos« (= biegsam, gekrümmt) ab. Linz lässt sich also als »Siedlung an der Biegung des Flusses« verstehen. Die verkehrsgünstige Lage sorgte für den wirtschaftlichen Aufschwung der Stadt seit dem 13. Jh. Von West nach Ost war die Donau die entscheidende Route, und in Nord-Süd-Richtung querte eine von der Adria zur Ostsee verlaufende Handelsstraße. Die Linzer Maut zählte zu dieser Zeit zu den einträglichsten Einnahmequellen der österreichischen Herzöge.

Die bereits in der zweiten Hälfte des 19. Jh. einsetzende Industrialisierung (Schiffswerft, Lokomotivfabrik, Textilindustrie, Nahrungs- und Genussmittelindustrie) war in früheren Jahren der Grund, dass Linz nicht gerade einen hohen Rang unter den beliebtesten Ausflugszielen in Österreich innehatte. Erst die Entwicklungen ab Ende der 1960er-Jahre ließen die oberösterreichische Donaustadt mit Sitz der Landesregierung zu einer Kulturstadt ersten Ranges erblühen: Errichtung der Johannes-Kepler-Universität (1966), der Kunsthochschule (1973) und einer Theologischen Fakultät. Das Brucknerhaus (1974), Ars Electronica Center (1996) und das Lentos-Kunstmuseum (2003) waren weitere Schritte, die dann mit der Wahl 2005 zur Kulturhauptstadt 2009 ihre letzte Bestätigung fanden.

Linz ist die Stadt der Kirchen. Das wird deutlich, wenn man seinen Blick auf dem Hauptplatz mit der Dreifaltigkeitssäule schweifen lässt. Wer die Hektik der geschäftigen Innenstadt hinter sich lassen möchte, kann im **Alten Dom** (Ignatiuskirche, 1678), in der **Ursulinenkirche** (1757) oder der **Stadtpfarrkirche Mariä Himmelfahrt**, in der Anton Bruckner Pfarrorganist war, eine wenig Stille finden. Der Schriftsteller und Maler lebte hier von 1848 bis 1868.

Beeindruckend ist aber insbesondere der **Neue Dom**, auch **Mariä Empfängnisdom** genannt (neugotisch, geweiht 1924), mit den farbenprächtigen Gemäldefenstern, darunter das bekannte **Linzer Fenster** mit Darstellungen aus der Linzer Geschichte. Eine kleine Anekdote: Zur Bauzeit des Doms galt der Grundsatz, dass kein Gebäude in der gesamten Donaumonarchie höher sein durfte als der Turm des Stephansdoms in Wien. Auch die Linzer bekamen hierzu keine Erlaubnis. Deshalb ist er mit 135 m einen Meter niedriger. Nun griff man zu einer List: Man erhöhte den Turm, indem man das Kreuz auf der Turmspitze verlängerte, die nun höher ragt als der »Steffl«.

Sehenswertes

Von der Anlegestelle der Kreuzfahrtschiffe ist die Altstadt von Linz am rechten Donauufer über die Donauuferpromenade nur wenige Fußminuten entfernt.

Vom Hauptplatz aus sind die lebhaften Geschäftsviertel der Stadt leicht zu erreichen. Sie beginnen in der westlichen Altstadt und verlaufen über den Platz durch das Schmidtor hin zur Landstraße. Weitere Einkaufszentren befinden sich in der Wiener Straße und in der Hauptstraße.

Dreifaltigkeitssäule → S. 45, b 2

In der Mitte des Hauptplatzes – einem der schönsten Saalplätze Österreichs – steht die 20 m hohe barocke Dreifaltigkeitssäule (vollendet 1723), in weißem Salzburger Marmor ausgeführt. Drei Inschriftentafeln verkün-

MERIAN-Tipp

2 Mit der Pöstlingbergbahn zur Wallfahrtsbasilika

Am höchsten Punkt des Pöstlingbergs (537 m), dem Hausberg der Linzer, steht weithin sichtbar die Pfarrkirche und Wallfahrtsbasilika Sieben Schmerzen Mariens (1738–1748). Ihre Doppeltürme ragen stolz in den Himmel. Ein besonders schöner Ausblick bietet sich abends. Seit 1898 fährt die steilste Schienenbergbahn Europas von der Talstation im Stadtteil Urfahr auf den Linzer Pöstlingberg. Auf einer 2,9 km langen Strecke überwindet sie einen Höhenunterschied von 225 m in 16 Minuten.

Mit der Straßenbahnlinie 3 vom Hauptplatz oder Landstraße zur Talstation der Pöstlingbergbahn; Berg- und Talfahrt alle 20 Minuten, empfehlenswert: Kombikarte Pöstlingbergbahn inkl. Straßenbahnlinie 5,60 €

den die Widmung der Säule an die Heilige Dreifaltigkeit durch die Landstände, den Kaiser und die Bevölkerung von Linz aus Dankbarkeit für die Rettung aus Kriegsgefahr (1704), Feuersbrunst (1712) und Pest (1713). Um die Säule herum befinden sich die Schutzpatrone Sebastian, Florian und Karl Borromäus.

Am Hauptplatz und in unmittelbarer Nähe liegen u. a. das **Alte Rathaus** mit seinem typischen Arkadenhof, das **Landhaus**, ein weitläufiger Renaissancebau (16. Jh.) – heutiger Sitz des Landeshauptmannes, des Landtages und der oberösterreichischen Landesregierung –, und das **Mozarthaus** (16. Jh., Renaissancebau, barockisiert). Hier war 1783 Wolfgang Amadeus Mozart Gast des Grafen von Thun und komponierte die »Linzer Symphonie«. In der Rathausgasse 5 (beim Alten Rathaus) steht das **Keplerhaus**, in dem der Astronom Johannes Kepler ab 1612 lebte und sein Hauptwerk die Rudolfinischen Tafeln vollendete.

Schloss → S. 45, a 2

Hoch über der Donau erhebt sich das unter Kaiser Friedrich III. im 15. Jh. erbaute Schloss. Davon sind noch teilweise die Befestigungsmauer, die Bastionen und das Friedrichstor (Westeingang) mit einem Wappenstein (1481), dem Ausspruch »AEIOU« (»Alles Erdreich ist Österreich untertan«) und dem kaiserlichen Monogramm erhalten. Um 1600 entstanden der viergeschossige Blockbau mit zwei Innenhöfen und das Haupttor zur Stadt (Rudolfstor, 1604). Heute beherbergt es Kunst vom Mittelalter bis zur Moderne, historische Waffen und Musikinstrumente, Numismatik, Volkskunde und Technikgeschichte.

Schlossmuseum Linz, Tummelplatz 10; Tel. 00 43/7 32/77 44 19-0, Fax 77 44 19-29; Di–Fr 9–17, Sa, So 10–16 Uhr

Museen

Ars Electronica Center → S. 45, a 1

Das Museum der Zukunft zeigt anschaulich und experimentell, wie sich die modernen digitalen Informations- und Kommunikationstechnologien auf Kunst, Arbeitswelt und Freizeit ausgewirkt haben.

Hauptstr. 2, Tel. 00 43/7 32/7 27 20, Fax 7 27 22; www.aec.at; Erwachsene 6 €, Kinder 3 €

Nordico – Museum der Stadt Linz → S. 45, c 2

Als Vorstadtpalais des Klosters Kremsmünster von Francesco Silva 1610 im Stil der Comasken errichtet, 1675 aus- und umgestaltet. Im Festsaal befinden sich Freskenreste von Jakob Antonio Mazza. Von 1710 bis 1786 Konvikt der Jesuiten für nordische Jünglinge – Collegium Nordicum (daher der Name »Nordico«). Das Museum der Stadt Linz beherbergt archäologische sowie kunst- und kulturgeschichtliche Sammlungen.

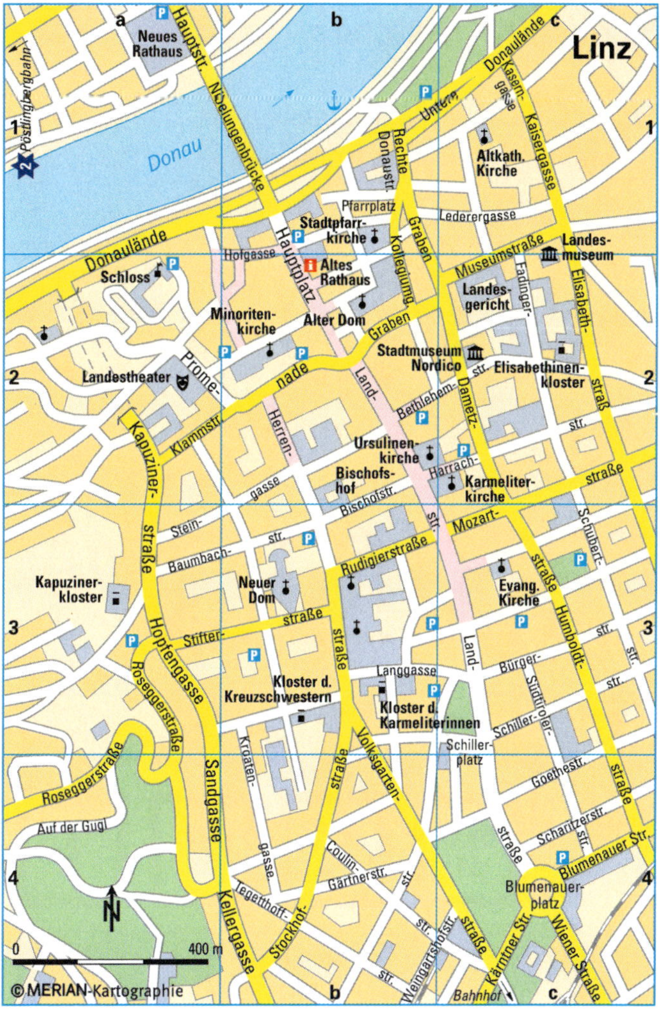

Bethlehemstr. 7; Tel. 00 43/7 32/ 70 70 19 12, Fax 79 35 18, Mo–Fr 9–18, Sa, So 14–17 Uhr

Einkaufen

Café Jindrak → S. 45, b 2

Die Linzer Torte gilt als die älteste bekannte Torte der Welt. Bereits 1653 wird sie namentlich erwähnt. Herrenstr. 22-24; Tel. 00 43/7 32/ 77 93 58; www.linzertorte.at

Service → S. 45, b 2

Tourist Information Linz, Hauptplatz 1, A-4010 Linz; Tel. 00 43/7 32/70 70 17 77, Fax 77 28 73; www.linz.at; Mai–Okt. Mo–Fr 8–19, Sa, So 8–18, Nov.– April Mo–Fr 8–18, Sa, So 10–18 Uhr

Schifffahrtszeichen

Auch auf dem Wasser herrschen Ver- und Gebote – die wichtigsten Zeichen für eine sichere Fahrt.

VERBOTS-, EMPFEHLUNGS- UND GEBOTSZEICHEN

Liegeverbot (Ankerverbot und Verbot des Festmachens am Ufer)

Festmacheverbot

Verbot für Fahrzeuge, die weder mit Maschinenbetrieb noch unter Segel fahren

Verbot des Wasserskilaufens

Fahrverbot für Fahrzeuge mit Maschinenantrieb

Fahrverbot für Sportboote

Fahrverbot für Segelfahrzeuge

Verbot des Segelsurfens

Wendeverbot

Fahrerlaubnis für Wassermotorräder

Fernsprechstelle

Verpflichtung, das Funkgerät auf dem angegebenen Kanal in Betrieb zu nehmen

Geschwindigkeitsbeschränkung (in km/h)

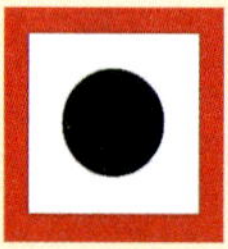

Schallsignal geben

Gebot, besondere Vorsicht walten zu lassen

Fahrwassertiefe begrenzt

Durchfahrtshöhe begrenzt

Beschränkung auf zusätzlicher Tafel angegeben

Anhalten

Erlaubnis zum Durchfahren

Pfeilrichtung einschlagen

Durchfahrt verboten

Abstand in Metern, in dem sich Fahrzeuge vom Zeichen entfernt halten sollen

Empfehlung, in Pfeilrichtung zu fahren

Nicht frei fahrende Fähre

Wellenschlag vermeiden

Überholverbot allgemein

Verbot des Begegnens und Überholverbot

Ende eines Ge- oder Verbots

Ankern erlaubt

Signale für das Durchfahren von Brücken/Sperrwerken/Schleusen

Durchfahren/Ein fahren verboten

Freigabe von Brücke/Sperrwerk/Schleuse wird vorbereitet

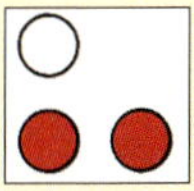
B/S/S kann durchfahren werden, Gegenverkehr hat Vorfahrt

B/S/S ist geöffnet und kann unter Beachtung der Vorfahrtregeln durchfahren werden

Durchfahren/Ein fahren. Gegenverkehr ist gesperrt

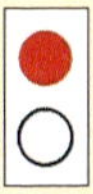
Anlage für Schifffahrt gesperrt

Aus der Schleuse ausfahren

Von Linz nach Wien

Durch den Strudengau und die Wachau nach Wien: Dürnstein und der Wein, Kloster Melk und Göttweig.

Bei einem Stopp in Dürnstein in der Wachau können Kultur- und Weingenuss trefflich miteinander verbunden werden.

Strudel im Gau
Die Namen Strudengau und Persenbeug – böse Beuge – beziehen sich auf die vielen früher gefährlichen Strudel und Untiefen im Flusslauf.

Als Strudengau wird ein enges, gewundenes Tal der Donau von Ardagger Markt bis Ybbs bezeichnet, das einst für die Schifffahrt einer der gefährlichsten Donauabschnitte war. Bis unmittelbar ans Ufer reichen die steilen Hänge heran, Sandbänke und Felsen erschweren die Schifffahrt. Nur unter Ängsten soll Kaiserin Maria Theresia es passiert haben, so dass sie ihren Hofarchitekten Bernhard Fischer von Erlach mit der Beseitigung der Hindernisse beauftragte, was diesem aber nicht gelang. Erst durch den Stausee des Kraftwerks Ybbs-Persenbeug (1957) ist dieses Problem gelöst. Orte im Strudengau sind Grein, Struden, Hirschenau und Persenbeug.

Östlich des Tals und an die Wachau angrenzend schließt die weite Ebene des **Nibelungengau** zwischen Ybbs und Melk an. Nach dem Nibelungenlied soll Rüdiger von Bechelaren (Pöchlarn) seinen Sitz als Lehensmann des Hunnenkönigs Attila hier gehabt und sich Giselher mit Rüdigers Tochter Dietlinde verlobt haben.

Der berühmteste Maler aus der Region ist der Expressionist Oskar **Kokoschka** (1886–1980). In seinem **Geburtshaus** in Pöchlarn werden rund 100 Werke gezeigt.

Ein Ausflug zum **Wallfahrtsort Maria Taferl** (233 m oberhalb der Donau) wird manchmal an Bord angeboten. Seit dem Jahr 1660 ist er einer der bedeutendsten Wallfahrtsstätten Österreichs. Schon von weitem ist die zweitürmige barocke Basilika (1660–1710) zu sehen.

Hoch über der Donau thront außerdem das weiße **Schloss Artstetten** mit seinen sieben charakteristischen Zwiebeltürmen. Es war Sommersitz der kaiserlichen Familie, und Thronfolger Erzherzog Ferdinand und seine Gemahlin, Sophie Herzogin von Hohenberg, fanden hier ihre letzte Ruhe. Beide wurden 1914 in Sarajevo bei jenem Attentat getötet, das als Ausschlag für den Beginn des Ersten Weltkriegs angesehen wird.

Wundersame Heilungen
Bis zu 300 000 Pilger pro Jahr machen Maria Taferl zum zweitwichtigsten österreichischen Wallfahrtsort nach Mariazell. Ein Bildnis der Gnadenmutter soll Krankheiten heilen.

Letzter Funke
Den offenen Wagen sowie die blutbefleckte Uniform von Thronfolger Franz Ferdinand können Besucher heute im Heeresgeschichtlichen Museum in Wien sehen.

Liebliche Wachau

Einer der romantischsten Flussabschnitte der Donau mit einer kontrastreichen Natur ist die **Wachau**. Wie ein landschaftliches Gesamtkunstwerk verläuft das gewundene Flusstal. Beginnend mit einem engen, immer breiter werdenden Einschnitt, wechseln sich schroffe Felsen mit Auwäldern ab. Dazwischen liegen sonnenverwöhnte Weinterrassen. Der Mensch hat sich hier stets wohl gefühlt, das zeigen liebevoll gepflegte Obstgärten und malerische Orte. Imposante Stifte bieten eindrucksvolle Ansichten und Aussichten. In den Fünfzigerjahren machten österreichische Filme mit Schauspielern wie Hans Moser die Region europaweit bekannt. Bereits 1955 wurde die Wachau zum Landschaftsschutzgebiet erklärt und im Jahr 2001 in die Liste des Weltkulturerbes der UNESCO aufgenommen.

Der Hofrat Geiger
Die Mariandel aus dem Wachauerlandel, in dem bekannten Film von 1947 die uneheliche Tochter des von Paul Hörbiger dargestellten Hofrats, ist in der Region noch immer präsent.

Heurige und Buschenschänken heißen Lokale, in denen Weine aus eigenem Anbau ausgeschenkt werden. »Busche« (Bündel aus Zweigen) über der Eingangstür sind das Zeichen, dass der Heurige oder der Buschenschank geöffnet ist oder – wie es in Österreich heißt – »ausgsteckt hat«. Der Heurige steht für den Wein vom aktuellen Jahrgang, der pünktlich zu Martini (11. November) zum Altwein wird.

Viele Klöster überlebten die Reformen des 18. Jh. und die Säkularisation nicht. Weniger betroffen waren die **Servitenklöster Schönbühel** und **Maria Langegg**. Die **Benediktinerklöster Melk, Göttweig** und das **Augustinerkloster Chorherrenstift Dürnstein** wurden in der Barockzeit prachtvoll neu gestaltet.

Das Benediktinerkloster Melk

Adson von Melk

Der Novize aus Ecos Roman, der William von Baskerville bei seinen Ermittlungen beisteht, hätte in einem gotischen Vorgängerbau der heutigen Anlage gewirkt, der noch weitaus bescheidener war, als sich das Stift heute präsentiert.

Sommerspiele Melk

Seit einigen Jahren kommen im Sommer große Stoffe vor einmaliger Kulisse zur Aufführung, darunter auch »Der Name der Rose«. »Die Nibelungen« kehren in der Donauarena zu Füßen des Klosters an ihren Ursprung zurück.

Raubrittersitz

Burg Aggstein, die als imposante Ruine beliebtes Fotomotiv ist, brachte den Räubern, die sie jahrhundertelang besetzt hielten, kein Glück. Nacheinander wurden sie vertrieben, die Anlage verfiel und wurde schließlich 1529 von den Türken zerstört.

Erhaben und würdevoll und durch seine barocke Pracht fast wie ein Gemälde wirkend, thront das Kloster Melk über der Donau. Ein Pflichttermin für jeden Donaukreuzfahrer ist der Besuch dieses bedeutenden kulturellen und geistlichen Zentrums Österreichs. Für Umberto Eco, der die Bibliothek für seine Recherchen nutzte, nahm hier sein erfolgreicher Roman »Der Name der Rose« seinen Ausgang.

Leopold I. war es, der 976, mit dem Gebiet des heutigen südwestlichen Niederösterreich als Markgraf belehnt, die Burg in Melk zu seiner Residenz erwählte. Seine Nachfolger statteten sie mit wertvollen Schätzen und Reliquien aus. 1089 übergab Markgraf Leopold II. die Burg Benediktinermönchen aus Lambach. Seither leben und wirken hier in ununterbrochener Folge Mönche nach der Regel des hl. Benedikt (um 480). »Ora et labora et lege«, bete und arbeite und lese. Im deutschen Sprachraum leben heute ungefähr 1500 Benediktinerinnen und Benediktiner nach diesen strengen Regeln. Schon seit dem 12. Jh. ist eine Schule mit dem Kloster verbunden. In der Bibliothek wurden wertvolle Handschriften gesammelt und angefertigt. Im 15. Jh. war das Stift Ausgangspunkt einer der bedeutendsten mittelalterlichen Klosterreformen und unterhielt enge Verbindungen zu den Humanisten an der Wiener Universität. Sichtbarer Ausdruck für die Bedeutung des Stiftes in der Barockzeit und die hervorragende Stellung seines damaligen Abtes Berthold Dietmayr ist der großartige Barockbau Jakob Prandtauers, errichtet in der Zeit zwischen 1702 und 1736, an dem einige der namhaftesten Künstler jener Epoche (J. M. Rottmayr, P. Troger, L. Mattielli, A. Beduzzi, J. W. Bergl, P. Widerin etc.) mitgewirkt haben. Auch wenn Stift Melk unter Kaiser Joseph II. vom Schicksal der Aufhebung verschont blieb, griffen doch zahlreiche staatliche Verordnungen in das Klosterleben ein. Die Napoleonischen Kriege (1792–1815) brachten große wirtschaftliche Umstellungen und Schwierigkeiten für das Stift mit sich. Nach dem Anschluss Österreichs an Deutschland 1938 lebten die Patres unter der ständigen Gefahr der Aufhebung durch die Nationalsozialisten, einige waren von Verhaftung bedroht. Das Gymnasium wurde den Benediktinern entzogen und ein Großteil des Stiftsgebäudes für eine staatliche Oberschule beschlagnahmt. Da das Kloster aber letztlich nicht aufgehoben wurde, konnte es die Besatzungszeit relativ gut überstehen.

Bei der Weiterfahrt von Melk sollte unbedingt für das 5 km entfernt gelegene Schönbühel der Fotoapparat greifbar sein. Rechtsseitig liegt auf einem Felsen das in Privatbesitz befindliche **Schloss Schönbühel** (1821).

Romantisch und legendenumwoben erhebt sich unweit davon die **Ruine Aggstein** (Ursprung 11. Jh.) 300 m über der Donau.

Die »Nackte ohne Gesicht«

In Willendorf ist eine außergewöhnliche Dame Zeugin der uralten Wachauer Geschichte: die rund 25 000 Jahre alte **Venus von Willendorf**. Die 11 cm große Statuette aus Kalkstein stellt eine beleibte Frau mit lockigem Haar dar. Das Original der »wohlgeformten Nackten ohne Gesicht« ist im Naturhistorischen Museum in Wien ausgestellt. An der Fundstelle ist eine Nachbildung zu sehen. Sie gilt als eine der ältesten Frauenstatuetten und Steinplastiken. 5 km weiter sind vom Schiff aus einige der alten Winzerhöfe des Örtchens Spitz zu erkennen. Weißenkirchen wird bestimmt durch die während der Türkenkriege im 16. Jh. wehrhaft mit Türmen und Mauern befestigte Pfarrkirche Mariä Himmelfahrt.

Venus II und III

Neben der weltberühmten Venus von Willendorf konnten weitere Mammutelfenbein-Bruchstücke möglicherweise menschlicher Figuren gesichert werden. Noch etwas älter als die Willendorfer ist die so genannte Venus vom Galgenberg, die im Weinstadtmuseum in Krems zu sehen ist.

Sagenumranktes Dürnstein

Das Fotomotiv der Wachau schlechthin ist der Ort Dürnstein mit dem blauen Kirchturm des **Augustiner-Chorherrenstiftes** (1410) im Vordergrund (dem »Fingerzeig Gottes«) und der legendenumwobenen Burgruine im Hintergrund. Fakt ist: Richard Löwenherz war vom 21. Dezember 1192 bis März 1193 Gefangener in der Burg. Er hatte während seiner Kreuzzüge die Fahne der Babenberger beleidigt und unvorsichtigerweise während seines Rückzugs den Weg durch Österreich gewählt. Glückliches Österreich: 35 000 kg Silber mussten als Lösegeld an Herzog Leopold V. gezahlt werden. Von dem Geld wurde unter anderem die Wiener Neustadt gebaut und mehrere Festungen wurden erweitert.

Von Dürnstein nach Trifels

Richard I. war ein begehrter Gefangener, von Dürnstein aus wurde er noch einige Wochen nach Burg Trifels im heutigen Rheinland-Pfalz verlegt, bevor er endgültig freikam.

Der Wein der Wachau

Die Wachau ist vom Klima bevorzugt: Die bis zu 700 m hohen Hänge halten die kalten Winde ab (nur manchmal treten kühlende Winde aus dem Hochland des Waldviertels auf), und die Donau reguliert die jahresdurchschnittliche Temperatur. Diese Tatsache, basierend auf dem mineralischen Boden, ist es, die den Wachauer Weinen, wie dem Grünen Veltliner oder dem Riesling, Würze und Eleganz, Kraft und Fülle verleiht. Vor rund 30 000 Jahren kamen die ersten Siedler an die Donau. 16 v. Chr. wurde Norikum römische Provinz, und obwohl in der Region schon vorher Wein angebaut wurde, weihten erst die Römer die Bewohner in die hohe Kunst des kultivierten Weinbaus ein. Um an steilen Hängen der Wachau überhaupt Trauben anbauen zu können, wurden vor vielen Jahrhunderten geeignete Flächen terrassiert. Steinmauern schützen diese seit dem 11. Jh. vor dem Abrutschen und dienen zusätzlich als Wärmespeicher. Sie verleihen der Landschaft ihren besonderen Akzent.

Nach den dunklen Jahrhunderten der Völkerwanderung waren es die Klöster, die das Wirtschafts- und Kulturleben in der Wachau gestalteten. Fast drei Viertel der Weinberge waren bereits Ende des 15. Jh. in kirchlichem Besitz. Der Wein wurde auf Zillen und Schiffen nach Oberösterreich und Bayern verschifft, im Gegenzug kamen Salz, Eisen und andere Güter in die Wachau. An den Ufern entstanden Treppelwege, damit die Schiffe mithilfe von Pferdegespannen schneller flussaufwärts fahren konnten. Heute tummeln sich auf diesen Wegen Radfahrer aus aller Welt. Dass der Weinbau in Österreich eine so bedeutende Rolle einnimmt, verdankt das Land Kaiser Joseph II. 1784 gab er den »Buschenschank-Erlass« heraus und erlaubte damit den Weinbauern, auf ihrem Anwesen eigenen Wein auszuschenken: Der Heurige war geboren!

Winzerlatein

Steinfelder, benannt nach dem federleichten Gras, das in der Wachau wächst, heißen die leichten, spritzigen Weißweine mit maximal 11 % vol. Alkohol. Federspiel-Weine haben maximal 12,5 % vol. Alkohol. Das Wort kommt aus der Falknerei. Smaragd heißen große, gehaltvolle Weine mit einem Alkoholgehalt von mehr als 12,5 % vol. Benannt sind sie nach den heimischen, grün-bläulich schimmernden Smaragdeidechsen.

Verwandtschaften

Der Grüne Veltliner und der Rote oder Frührote sind botanisch nicht verwandt. Die Rebsorte des Grünen ist auch in Tschechien und Slowenien verbreitet.

Mittelalterliches Krems

Im 11. und 12. Jh. war Krems, das bereits 995 erste Erwähnung fand, ob seiner verkehrsgünstigen Lage eines der wichtigsten Handelszentren Österreichs. Hier wurden Salz, Wein, Getreide und später auch Eisen umgeschlagen. Erst durch die Habsburgermonarchie, die Wien als ihr Zentrum wählte, verlor Krems an Bedeutung.

Mittelalterliche Gassen, romantische Arkadenhöfe, gesellige Cafés und lauschige Gastgärten laden zum Flanieren und Verweilen ein. Das muss auch schon seit alters her den Männern der Stadt gefallen haben, denen der Simandlbrunnen gewidmet ist. Der Legende nach galten die Kremser Bürgersfrauen als so dominant, dass sich ihre Männer zu der Simandlbruderschaft zusammenschlossen, einer Scherzvereinigung, die ihnen die Möglichkeit zum Ausgehen bot. Simandl bedeutet Kleiner Simon, im bayerisch-österreichischen Sprachgebrauch werden so Pantoffelhelden bezeichnet.

Ausgehend vom Pfarrplatz lässt sich Krems leicht erkunden. Der Hohe Markt mit der ehemaligen Stadtburg, der so genannten **Gozzoburg**, schließt sich nach Osten an. Nach Westen gelangt man zunächst zum ehemaligen Dominikanerkloster (heute **Historisches Museum** und **Weinbaumuseum**) und zum **Körnermarkt** und dem **Steinernen Tor**, dem Wahrzeichen der Stadt. Wie der Name schon sagt, geht es durch das Tor in Richtung Stein.

Die engagierten Winzer in Krems, Senftenberg, Rohrendorf, Furth bei Göttweig und kleineren Orten kultivieren vor allem Grünen Veltliner, Riesling und auch Rotweinsorten wie Zweigelt oder Cabernet Sauvignon.

Radtouren

Nicht nur bei Kreuzfahrern, auch bei Radfans ein Klassiker: Die Strecke Passau–Wien ist in etwa einer Woche gut zu bewältigen.

In Krems finden sich viele Weinlokale, so genannte Heurige, in denen man bei einem guten Gläschen hauseigenem Wein den Tag ausklingen lassen kann.

Einen wunderbaren Überblick über die Landschaft des Kremstals gewinnt man von der **Burgruine Senftenberg** und ganz besonders von der Anhöhe des **Stiftes Göttweig**.

Vom bekannten New Yorker Architekten Steven Holl wurde das eigenwillige Weinzentrum **Loisium** mit Lifestyle-Hotel und Spa unweit von Krems in Langenlois gestaltet, das eindrucksvoll die alte Tradition des Weinbaus mit moderner Architektur kombiniert. Ein Besuch lohnt sich! Weitere Informationen sind erhältlich unter Tel. 00 43/27 34/3 22 40.

2

Steven Holl
Der Amerikaner baut vornehmlich in den USA und Europa, zu seinen Arbeiten gehören die Simmons Hall am Massachusetts Institute of Technology oder das Museum für zeitgenössische Kunst in Helsinki.

Barocke Pracht – Stift Göttweig

Das Barockstift liegt am östlichen Ende der Wachau auf 449 m Höhe auf dem Göttweiger Berg und bietet einen prächtigen Ausblick. Das 1083 vom hl. Altmann, Bischof von Passau, gegründete Göttweig wurde 1094 den Benediktinern übergeben. Zurzeit leben hier 60 Mönche nach den Regeln des hl. Benedikt von Nursia. In der Erentrudiskapelle (1072) sowie der Alten Burg, Krypta und im Chor der Kirche sind noch mittelalterliche Reste zu entdecken. Nach Plänen des Architekten Johann Lucas von Hildebrandt wurde das Kloster im barocken Stil erneuert, nachdem ein Brand 1718 vieles zerstört hatte.

Thronfolger
Karl VI. war der Sohn von Kaiser Leopold I., der ihn während des Spanischen Erbfolgekriegs zur Durchsetzung seiner Machtansprüche nach Spanien sandte. Als sein Bruder Joseph I. überraschend starb, wurde er jedoch dessen Nachfolger auf dem Habsburgerthron.

Die besonderen Sehenswürdigkeiten sind das Museum im Kaisertrakt, die Fürsten- und Kaiserzimmer sowie die Stiftskirche mit Krypta und Kreuzgang. Beeindruckend die monumentale Kaiserstiege und die Fresken Paul Trogers (1698–1762). Das Göttweiger Fresko ist eine deutliche Huldigung an Kaiser Karl VI., mit dem das Goldene Zeitalter in Österreich Einzug hielt. Im Auftrag seines Freundes und Vertrauten, des Abtes Gottfried Bessel von Göttweig, wurde es 1739 geschaffen.

Wo die Gänse fliegen

Als würde sich auch die Donau nach so viel barocker Pracht etwas erholen müssen, öffnet sich das Tal hinter Krems in das **Tullner Becken**. Die weite Auenlandschaft, einst von Konrad Lorenz für seine Beobachtung der Graugänse genutzt, wird heute von den Kraftwerken von Altenwörth und Zwentendorf vor Tulln und später noch Greifenstein bestimmt. Das Atomkraftwerk Zwentendorf ging nie ans Netz, eine Volksbefragung verhinderte die Inbetriebnahme. Gemächlich fährt das Schiff an Tulln vorbei, dem Ort, der sich ganz seiner römischen Vergangenheit verschrieben hat. Die Einwohner sind stolz darauf, dass 170 der Feldherr und Staatsmann Marc Aurel hier Station machte, um einen Feldzug gegen die Feinde Roms zu organisieren. Weniger Stolz war man allerdings lange Zeit auf einen echten Sohn der Stadt. Der Maler Egon Schiele (1890–1918) musste sogar einige Wochen wegen angeblicher Pornografie im Gefängnis

Noch ein Kaiser
Trotz seiner stoischen Grundhaltung und Friedensliebe führte Marc Aurel jahrzehntelange Kriege an den Grenzen seines bedrohten Reiches, darunter gegen die Parther, Quaden und Markomannen.

Es lohnt sich, im Stift Göttweig beim Erklimmen der Kaiserstiege einen Blick nach oben zu werfen, denn dort wird Kaiser Karl VI. in einem Deckenfresko als Apoll dargestellt.

Neulengbach verbringen. Er erhielt erst 1990 anlässlich des 100. Geburtstages ein eigenes Museum – bezeichnenderweise im ehemaligen Bezirksgefängnis.

Klosterneuburg und der Wienerwald

Nur wenige Kilometer vor Wien, am Rande des Wienerwaldes, liegt Klosterneuburg. Schon früh, im Neolithikum, sind erste Siedlungsspuren nachweisbar, doch waren es die Römer, die ab Mitte des 1. Jh. hier ein Hilfstruppenkastell der Provinz Pannonien errichteten. Die Entstehung des Stiftes Klosterneuburg geht auf Markgraf Leopold III. zurück. Er verlegte 1113 seine Residenz dorthin und ließ ein Jahr später das Stift gründen. Neben einer bedeutenden Bibliothek und einer Kunstsammlung vom Barock bis zur Moderne ist vor allem der Verduner Altar (1181) der kostbarste Kunstbesitz des Stiftes. Nach seinem Schöpfer Nikolaus von Verdun benannt, stellt das im Jahr 1330 zum Flügelaltar umgebaute Werk auf 51 Emailtafeln, angeordnet in drei waagerechte Zonen, die Epochen der Heilsgeschichte dar: in der obersten Zone die Zeit »vor dem Gesetz« (vor Moses), in der Mitte die Zeit »unter der Gnade« (das christliche Zeitalter) und unten die Zeit »unter dem Gesetz« (zwischen Moses und Christus).

Österreichischer Escorial
Kaiser Karl VI., der einige Zeit in Spanien verbracht hatte, wünschte sich eine riesige neue Residenz in Klosterneuburg. Nach seinem Tod 1740 war nur ein Viertel des Ursprungsplans vollendet. Kaiserstiege und Kaiserzimmer sind dennoch beeindruckend.

Mit gut 108 ha Rebfläche verfügt das Kloster auch über ein beachtliches Weinanbaugebiet. Nicht wenige sagen, dass hier die Wiege österreichischer Weinkultur liegt, denn bereits im 3. Jh. ließ der römische Kaiser Probus Wein anbauen. Die Mönche haben dieses später erneut aufgegriffen und im Jahr 1860 die erste Weinbauschule der Welt gegründet.

Mostwaage
Noch heute vielfach in Österreich in Gebrauch ist die Klosterneuburger Mostwaage zur Messung des Zuckergehalts. 1 Grad KMW entspricht 54,86 Öchsle.

Auch wenn die Kreuzfahrtschiffe in Klosterneuburg keinen Halt machen, einen Abstecher von Wien aus mit der Vorortbahn lohnt allemal, zumal sie direkt in der Nähe der Schiffsanlegestellen eine Haltestelle besitzt.

Auf dem Weg zur Anlegestelle in Wien wird noch ein berühmter Ausläufer der Alpen passiert – der Wienerwald. Viel besungen und vor allem in Verbindung mit dem Wein der Heurigenlokale in Grinzing auch sentimental verklärt. Wer einen Ausflug hierhin unternehmen möchte, kann sich den an Bord organisierten Exkursionen anschließen oder sich selbst zu Fuß auf den Weg machen. Beim Regionalbahnhof Grinzing, wenige Meter vom Schiffsanleger entfernt, beginnt die Grinzinger Straße. Nach dieser leicht ansteigenden Straße erreicht man schon bald Grinzing. Zweige vor der Tür (»Buschen«) weisen den Weg zu jenen Lokalen, in denen der selbst hergestellte Wein ausgeschenkt wird. Von Einheimischen wird dieser Wein spöttisch »Piefke-Brause« genannt – vielleicht, um damit von ihrer eigenen Weinseligkeit ein wenig abzulenken.

Heute bleibt die Küche ...
Das Hendlunternehmen hat mit der Landschaft Wienerwald nichts zu tun, es wurde 1955 in Deutschland gegründet.

Wien

Die erste Metropole der Reise lockt mit Gemütlichkeit – ob im Kaffeehaus oder auf der Straße.

Auch die Fiakerkutscher am Heldenplatz mögen es »g'miatlich«. Eine Stadtrundfahrt in diesem typischen Wiener Fortbewegungsmittel weckt nostalgische Gefühle.

Wien

1,6 Mio. Einwohner
Stadtplan → S. 60/61

Wien ist für einige Kreuzfahrer schon End- oder Wendepunkt der Reise, deshalb wird die Stadt mit Hotelempfehlungen zur eventuellen Verlängerung der Reise beschrieben. Alle Fahrten planen hier einen größeren Aufenthalt ein. Einen Ausflug sollte man sich nicht entgehen lassen, denn Wien ist eine der fünf meistbesuchten Ziele Europas, genauso wie London, Paris, Rom oder Berlin.

Die Wiener Gemütlichkeit mag ein Klischee sein, aber es gibt zahlreiche Plätze, um diese »G'miatlichkeit« auch zu erleben: angefangen bei den Kaffeehäusern und Beisln mit Schanigarten – ihrer auf die Straße hinausgehenden Verlängerung –, über Parkbänke und Fußgängerzonen bis hin zu einzigartigen Museen wie dem Kunsthistorischen, wo rote Lederfauteuils in jedem Raum zur Rast einladen.

Auch die Natur lädt zum Verweilen ein: Nur einen kurzer Spaziergang vom Zentrum entfernt liegen **Volksgarten**, **Burggarten** und **Stadtpark**, das weltberühmte **Schönbrunn** und der **Prater**. Eine halbe Stunde außerhalb der Stadt liegt der **Wienerwald** – die grüne Lunge der Millionenstadt.

Man bezeichnet Wien gerne auch als erste Stadt am Balkan. Geografisch hat das durchaus seine Berechtigung: Am westlichen Ufer der Donau enden mit dem Wienerwald die Alpen, am östlichen beginnen geologisch die Karpaten. Im Hinblick auf Kunst und Kultur haben die Völker der ehemaligen Donaumonarchie in Wien auch ihre Spuren hinterlassen: Schriftsteller, Maler und Komponisten aus Prag, Budapest und Montenegro haben hier gelebt und gearbeitet, viele davon waren jüdischer Abstammung. Wien hatte bis 1938 eine jüdische Bevölkerung von über 180 000 Menschen, darunter so bekannte Namen wie Stefan Zweig oder Sigmund Freud. Die Ermordung von Juden, Sinti und Roma, Kommunisten und Sozialisten oder ihre Emigration ins Ausland ließ Wien menschlich und kulturell lange Zeit leer zurück. Trotzdem zehrt die Stadt von der reichen jüdischen Kultur bis heute.

Der Schiffsreisende sollte gleich, nachdem er festen Boden unter den Füßen hat, den Blick schweifen lassen. Von der Anlegestelle an der Reichsbrücke sind am linken Donauufer der 252 m hohe Donauturm (1964) und die **UNO-Stadt** zu sehen, errichtet, nachdem Wien 1979 ein Sitz der UNO wurde. Gleich in unmittelbarer Nähe der Reichsbrücke, eine der Hauptverkehrsadern Wiens, befindet sich die **Franz-Joseph-Jubiläumskirche** am Handelskai (N-W-Achse Wiens). Donauaufwärts grüßen der **Leopoldsberg**, die Hänge des Wienerwaldes und der bereits beim Anlegemanöver passierte, 202 m hohe **Millenniumstower** am rechten Ufer.

Wien ist der einzige Hafenort während der Donaukreuzfahrt, bei dem die Schiffe nicht direkt im Zentrum der Stadt anlegen können. Sie machen in der Nähe der Reichsbrücke fest. Nach Verlassen des Schiffes orientieren Sie sich daher zunächst in Richtung Brücke. Hier die Treppen nach oben und zur U-Bahn-Station Vorgartenstraße. Die U-Bahn-Linie 1 führt direkt ins Zentrum; die vierte Station ist der **Stephansdom**. Eine einfache Fahrt, die innerhalb von 1,5 Stunden die Nutzung des gesamten innerstädtischen öffentlichen Verkehrswegenetzes ermöglicht, kostet 1,50 €. Für mehrere Fahrten ist ein 24-Stunden-Ticket für 5 € zu empfehlen, erhältlich in den U-Bahn-Stationen.

Hotels

Imperial → S. 61, d 5

Viele sagen, dieses Haus sei die Nr. 1 der Republik. Größtenteils Stammgäste; das Haus verströmt noch den

Wunderschön – das Burgtheater (→ MERIAN-Tipp, S. 59) in der Abenddämmerung. Im Inneren brillieren Schauspieler und provozieren Regisseure wie Christoph Schlingensief.

Hauch der k.u.k.-Zeit. Unbedingt probierenswert: die Imperialtorte aus der hauseigenen Konditorei.

I., Kärntner Ring 16; Tel. 00 43/1/ 5 01 10-0, Fax 5 01 10-4 10; www.luxurycollection.com/Imperial; U-Bahn: Karlsplatz/Oper; Straßenbahn: alle Ringstraßenlinien; 138 Zimmer ●●●● CREDIT

Sacher ····> S. 60, c 5

Das Wiener Traditionshotel schlechthin – weltbekannt! Direkt im Zentrum.

I., Philharmonikerstr. 4; Tel. 00 43/1/ 5 14 56, Fax 51 45 68 10; www.sacher.com; U-Bahn: Karlsplatz/Oper; 104 Zimmer ●●●● CREDIT

Hotel Rathaus – Wein & Design ····> S. 60, westl. a 4

Jedes Zimmer ist einem österreichischen Top-Winzer gewidmet; in der Wein-Lounge gibt es die dazugehörigen Weine und Gourmetsnacks.

VIII., Lange Gasse 13; Tel. 00 43/1/ 4 00 11 22, Fax 4 00 11 22 88; www.hotel-rathaus-wien.at; U-Bahn: Volkstheater; 33 Zimmer ●●● CREDIT

Graben ····> S. 61, d 4

Neben dem Dorotheum liegt dieses kleine, gediegene Hotel. Der Dichter Peter Altenberg hat hier einige Zeit gelebt, ebenso Franz Kafka, Max Brod und Alfred Polgar.

I., Dorotheergasse 3; Tel. 00 43/1/ 51 21 53 10, Fax 5 12 15 31 20; www.kremslehnerhotels.at; U-Bahn: Stephansplatz; 41 Zimmer ●● CREDIT

Sehenswertes

Belvedere ····> S. 61, südl. e 6

Der Sommersitz des Prinzen Eugen von Savoyen gilt als eine der schönsten barocken Palastanlagen. Von 1714 bis 1716 wurde das Untere Belvedere errichtet, das von außen schmucklos, aber innen umso prächtiger eingerichtet ist. Heute beherbergt es ein Barockmuseum; in der Orangerie befindet sich das Museum Mittelalterlicher Österreichi-

scher Kunst. 1717 wurde der herrliche Park gestaltet: Terrassen, Statuen und Wasserspiele verwandelten ihn einst in einen wahren Lustgarten.
III., Oberes Belvedere, Prinz-Eugen-Str. 27; Di–So 10–18 Uhr; www.belvedere.at; Eintritt 9 €

Hofburg S. 61, d 4
Hier residierten bis 1918 die Habsburger. Seit dem 13. Jh. und dem Bau des ursprünglichen Schweizerhofes wurde hier immer wieder umgebaut. Von der einstigen mittelalterlichen Burg ist heute nur mehr die barocke Burgkapelle zu sehen.

In der Renaissance entstand die Stallburg mit ihrem eindrucksvollen Arkadenhof; hier haben die Lipizzaner ihre Stallungen. Die Amalienburg wurde im 17. Jh. durch den frühbarocken Leopoldinischen Trakt mit dem Schweizerhof verbunden, auf der anderen Seite entstanden im frühen 18. Jh. der Reichskanzleitrakt und die Hofbibliothek. Zum Michaelerplatz hin wurde die Winterreitschule angebaut. Den Abschluss des heute sichtbaren Gebäudetraktes bildet ab 1900 die Neue Hofburg.
I., Zugang vom Heldenplatz, Michaelerplatz und Josefsplatz; U-Bahn: Herrengasse; tgl. 9–17 Uhr; Kaiserappartements/Sisi-Museum, Silberkammer; Eintritt 8 €

Karlskirche S. 61, d 6
Das dominanteste Gebäude des Platzes und gleichzeitig die bedeutendste Barockkirche Wiens ist die Karlskirche. 1716 von Johann Bernhard Fischer von Erlach begonnen, arbeiteten die besten Bildhauer Wiens an der Kirche mit. Ein griechischer Tempelportikus, römische Triumphsäulen, orientalische Glockentürme – fast ein biblischer Tempel.
U-Bahn: Karlsplatz

Prater S. 61, westl. f 1
Das ehemalige kaiserliche Jagdrevier wurde 1766 von Joseph II., dem »Reformkaiser«, der Öffentlichkeit zugänglich gemacht. Nahe dem Praterstern entstanden im so genannten »Volk- und Würstelprater« bald Vergnügungsstätten und Wirtshäuser. Wahrzeichen des Praters ist das Riesenrad, 1896/97 vom englischen Ingenieur Walter Basset errichtet. Von seinen Waggons aus genießt man einen herrlichen Blick.
U-Bahn: Praterstern; www.wienerriesenrad.com; Jan., Feb., Nov., Dez. 10–20 Uhr; März, April und Okt. 10–22 Uhr; Mai–Sept. 9–24 Uhr; Fahrpreis Erw. 7,50 €, Kinder ab 3 Jahren 3 €

Schönbrunn S. 60, südwestl. a 6
Die kaiserliche Sommerresidenz ist ohne Zweifel eines der Highlights von Wien. Kaiser Maximillian II. ließ hier einst ein Jagdschloss erbauen, das 1683 bei der Türkenbelagerung zerstört wurde. Daraufhin plante Johann Bernhard Fischer von Erlach einen

MERIAN-Tipp

3 Konzert- und Theaterabend

Eine Bereicherung jeder Donaufahrt: ein Abend mit Musik oder Theater.

Burgtheater S. 60, b 3
»Die Burg« widmet sich den Klassikern der Weltliteratur.
I., Dr.-Karl-Lueger-Ring 2; Info und Karten Tel. 00 43/1/5 14 44 41 40

Staatsoper S. 60, c 5
»Die« Opernbühne Österreichs. Stehplatzkarten gibt es schon für 2 €.
I., Opernring 2, Info und Karten Tel. 00 43/1/5 14 44 41 40

Theater an der Wien S. 60, b 6
Die große Musicalbühne ist eines der erfolgreichsten Theater der Stadt.
VI., Linke Wienzeile 6; Info und Karten Tel. 00 43/1/5 14 11 420

Wien: I. Bezirk
© MERIAN-Kartographie
a
b
c
1
2
3
4
5
6
Volksoper
Roose-
veltpl.
Votivkirche
Währinger Str.
Hörl-
gasse
Kolingasse
Maria-Theresien-Str.
Börsegasse
Zelinkagasse
Neutor-gasse
Eßling-
Sigmund-Freud-Park
Schottentor
Alser Str.
Universitätsstr.
Schottenring
Heß-gasse
Wipplingerstr.
Börse
Börse-pl.
Hohenstaufengasse
Helferstorfer-str.
Schotten-bastei
Schottengasse
Liebiggasse
Rathausstr.
Ebendorfer-str.
Reichsratsstr.
Universität
Mölker Bastei
Hohe Brücke
Graben
Conc
Grillparzerstr.
Pasqualatihaus
Schottenstift
Rathausplatz
Landesgerichtsstr.
Mölker Steig
Oppolzerg.
Austria-Brunnen
Renn-
Freyung
Ehem. Bürgerl. Zeughaus
Wiener Feuerwehrmuseum
Tiefer
Am Hof
Felderstr.
A. Schärf
Rathauspark
Teinfaltstr.
Kunstforum der Bank Austria
Palais Ferstel
Fr.-Schmidt-Pl.
Rathaus
Seitz
Lueger-Ring
Löwelstr.
Heidensch.
Nagler-gasse
Haarhof
Bognerg.
Rathaus
Th. Körner
Burgtheater
Bankgasse
Herrengasse
Wallnerstr.
Lichtenfelsg.
Karl-
Kaiserin-Elisabeth-Dkm.
Minoritenkirche
Tuchlauben
Min.-platz
Pet
Rathausstr.
Stadiong.
Rathausplatz
Volksgarten
Herrengasse
Loos-Haus
Kohlmarkt
Graben
Pestsäule
Auerspergstr.
Doblhoffgasse
Parlament
Dr.-K.-Renner-Ring
Dr.-
Schauflerg.
Ballhausplatz
Michaelerpl.
Michaelerkirche
Pallas Athene
Hofsilber- und Tafelkammer
Habsburgerg.
Stallburg.
Bräunerstr.
Dorotheergasse
Grillparzer
Int. Esperanto-Museum
Michaeler Durchgang
Schmerling-platz
Lerchenfelder Str.
Heldenplatz
Palais Trautson/Justizpalast
Volksgartenstr.
Hofburg
Josefs-pl.
Dorotheum
Hansenstr.
Jugend-Info
Weghuberpark
Museumstr.
Bellariastr.
Burgring
Äußeres Burgtor
Augustinerkirche
Augustinerstr.
Kapuzinergruft
Spiegelg.
Plankeng.
Neustiftgasse
Volkstheater
Volkstheater
Naturhistorisches Museum
Ephesosmuseum
Theatermuseum
Maria-Theresien-Denkmal
Museum für Völkerkunde
Palmenhaus
Hanuschg.
Albertina
Führichgasse
Kirch-
Burggasse
Maria-Theresien-Platz
Burggarten
Maysed
Museumsplatz
Kunsthistorisches Museum
Dkm. gegen Krieg und Faschismus
Philharmoniker
Spittelberg.
Gutenberg.
Breite Gasse
Goetheg.
Babenbergerstr.
Staatsoper
Goethe
MuseumsQuartier
Elisabethstr.
Operng.
Siebensterngasse
Eschenbachgasse
Nibelungeng.
Opernring
Schiller
MuseumsQuartier
Schillerpl.
Österr. Tabakmuseum
Stiftgasse
Rahlgasse
Getreidemarkt
Gauermanng.
Akademie der Bildenden Künste
Operngasse
Kärntner Str.
Kärntnertor-pass.
K.-Schweighofer-G.
Str.
Königsklosterg.
Friedrichstr.
Mariahilfer
Windmühlgasse
Theobaldgasse
Str.
Gumpendorfer
Secession
Theater a. d. Wien
Lehargasse
Wienzeile
Karlspl.
Hauptstr.
Kunsthalle
Naschmarkt
Girardigasse
Linke Wienzeile
Rechte
Operngasse
Techn. Univ.
Wiedner
Ressel
Otto-Wagner-Häuser

d
e
f
0
375 m
1
2
3
4
5
6
Franz-Josefs-Kai
Donaukanal
Obere Donaustr.
Große-Schiffgasse
Kl. Sperlgasse
Schmelzgasse
Hollandstr.
Hammer-Purgstall-G.
Taborstr.
Klosterkirche der Barmherzigen Brüder
Zirkusgasse
Prater
Heinrichsgasse
Rudolfs-pl.
Gölsdorfg.
Salztorbrücke
Gredlerstr.
Gr. Mohrengasse
Salzgries
Salztorg.
Gedenkstätte für d. Opfer d. österr. Freiheitskampfes
Morzin-pl.
Praterstr.
Ferdinandstr.
Untere Donaustr.
Schwedenbrücke
Aspernbrücke
Altes Rathaus
Stern-
Marc-Aurel-Str.
Ruprechtskirche
Seitenstettengasse
Rotenturmstr.
Synagoge
Franz-Josefs-Kai
Schwedenpl.
Urania
Ehem. Böhm. Hofkanzlei
Hoher Markt
Fleischmarkt
Ankeruhr
Griech.-orthodoxe Kirche
Laurenzerberg
Postgasse
Julius-Raab-Pl.
Urania-str.
Tuchlauben
Röm. Ruinen
Wiesingerstr.
Biberstr.
Georg-Coch-Pl.
Heiligenkreuzer Hof
Kramergasse
Rotenturmstr.
Bäckerstr.
Kollnerhofg.
Sonnenfelsg.
Basiliskenhaus
Alte Schmiede
Schönlaterng.
Radetzky
Schallautzerstr.
Zollamtsstr.
Wienfluss
Brandstätte
Peterskirche
Bauernmarkt
Jasomirgottstr.
Erzbisch. Dom- und Diözesanmuseum
Jesuitenkirche
Dominikanerbastei
Rosenbursenstr.
Oskar-Kokoschka-Pl.
Ensemble Theater
Stephansplatz
Stephansdom
Wollzeile
Alte Universität
Haas-Haus
Figaro-Haus
Domg.
Postgasse
Biberstr.
Marxerg.
Stephanspl.
Schulerstr.
Wollzeile
Dr.-K.-Lueger-Pl.
Bäckerstr.
Stubenring
Österr. Museum für Angewandte Kunst
Schatzkammer des Deutschen Ordens
Blutg.
Grünang.
Singerstr.
Riemergasse
Zedlitzgasse
Stubenbastei
Stubentor
Weiskirchnerstr.
Gigergasse
Wien Mitte
Seilergasse
Kärntner Str.
Weihburggasse
Rauhensteing.
Kumpfg.
Cobdeng.
Vordere Zollamtsstr.
Landstraßer Hauptstr.
Donnerbrunnen
Steffl
Ballgasse
Franziskanerkirche
Liebenbergg.
Parkring
Schubert
Am Stadtpark
Markt
Himmelpfortg.
Stadtpark
Bruckner
Wien Mitte/Landstraße
Winterpalais
Seilerstätte
Weihburggasse
Gartenbaupromenade
Makart
Johannesgasse
Etab. Ronacher
Gr. Ungarbrücke
Kärntner Str.
Casino
Sammlung Religiöser Volkskunst
Himmelpfortgasse
Annagasse
Hegelgasse
Johann Strauß
Krugerstr.
Fichtegasse
Schellingg.
Akademiestr.
Kursalon
Münzg.
Walfischgasse
Schwarzenbergstr.
Hegelgasse
Schubertring
Fichteg.
Sebastian Kneipp
Beatrixgasse
Mahlerstr.
Heumarkt
Reisnerstr.
Christinengasse
Stadtpark
Beethovenpl.
L.-v.-Beethoven
Kärntner Ring
Pestalozzig.
Lothringerstr.
Wiener Eislaufverein
Beatrixgasse
Linke Bahngasse
Rechte Bahngasse
Künstlerhaus
Canovag.
Bösendorferstr.
Akademiestr.
Musikverein
Schwarzenbergplatz
Lisztstr.
Am Heumarkt
Lagergasse
Bayerngasse
Salesianergasse
Grimmelshauseng.
Karlsplatz
Lothringerstr.
Konzerthaus, Akademietheater
Ölzeltgasse
Marokkanergasse
Am Modenapark
Reisnerstr.
Schwarzenbergplatz
Wien Museum
Lisztstr.
Traung.
Neulinggasse
Karlskirche
Brucknerstr.
Zaunergasse
Univ.
Zentralfriedhof

grandiosen Neubau auf dem Hügel, wo heute die Gloriette steht. Eine zweite, kostengünstigere Version wurde daraufhin bis 1717 am jetzigen Standort errichtet. Sein heutiges Aussehen erhielt das Schloss erst unter Maria Theresia, die die Anlage anstelle der Hofburg – es heißt aus Platzmangel – zu ihrem Wohnsitz erkor und hier mit ihrem Gemahl und 16 Kindern lebte. Sehenswert sind die Prunkräume des Schlosses – etwa der Spiegelsaal oder das mit Rosenholz getäfelte Millionenzimmer.

Schloss

April–Juni, Sept., Okt. tgl. 8.30–17, Juli, Aug. tgl. 8.30–18, Nov.–März tgl. 8.30–16.30 Uhr; Eintritt Imperial Tour 8,90 €, Grand Tour 11,50 €

Marionettentheater

Fast ganzjährig Vorstellungen von Werken Mozarts und Strauß.

Info: Tel. 00 43/1/8 17 32 47; Tageskasse ab 14 Uhr (außer Di.); besser vorher anrufen

Wagenburg

Im Seitentrakt sind rund 60 historische Karossen ausgestellt.

Info: Tel. 00 43/1/87 73 24 40; April–Okt. tgl. 9–18, Nov.–März Di–So 10–16 Uhr; Eintritt 4,50 €

Shoppingvergnügen bietet das Kaufhaus Steffl (→ MERIAN-Tipp, S. 63), in dem anschließend noch gespeist werden kann.

Stephansdom → S. 61, d 3

Der bedeutendste gotische Bau Österreichs und das Wahrzeichen Wiens: der »Steffl« mit seinem imposanten, 137 m hohen Südturm. Von oben bietet sich eine schöne Aussicht über die Stadt; man muss dazu auf der steilen Wendeltreppe 343 Stufen bis zur 73 m hohen Türmerstube überwinden (tgl. 9–17.30 Uhr; Eintritt 3 €). Vom Nordturm genießt man eine Aussicht, die weit hinter die Donau reicht (Aufzug Nov.–März 8.30–17, April–Juni, Sept., Okt. 8.30–17.30; Juli, Aug. 8.30–18 Uhr; Eintritt 4 €). Die Westfassade mit dem Riesentor blieb noch vom romanischen Bau erhalten, der Rest ist gotisch. Im Inneren ist die von Anton Pilgram 1514/15 geschaffene Kanzel Hauptanziehungspunkt – als »Fenstergucker« hat er sich am Sockel selbst verewigt. Auch das Grabmal von Kaiser Friedrich III. in rotem Marmor und der Wiener Neustädter Altar, ein kunstvoll verzierter gotischer Flügelaltar (1477), lohnen einen Blick.

I., Stephansplatz; U-Bahn: Stephansplatz; Tel. 00 43/1/5 15 52 52-35 26; www.stephanskirche.at; Mo–Sa 6–22, So und an Feiertagen 7–22 Uhr; Führungen Mo–Sa 10.30 und 15, So und an Feiertagen 15 Uhr, Juni–Sept. auch Sa 19 Uhr; Eintritt 4 €

MUSEEN

Albertina → S. 60, c 4

Die größte grafische Sammlung der Welt – Einzelausstellungen von Rubens, Chagall und Mondrian. Außerdem besitzt die Albertina eineinhalb Millionen Druckgrafiken und einen einzigartigen Bestand an Blättern Albrecht Dürers, von denen aber nur ein kleiner Teil zu sehen ist.

I., Augustinerstr. 1; U-Bahn: Karlsplatz/Oper; Tel. 00 43/1/5 34 83-0; www.albertina.at; tgl. 10–18, Mi 10–21 Uhr; Eintritt 9 €

MuseumsQuartier → S. 60, a 5
Die ehemaligen Hofstallungen beherbergen einige herausragende Kunstsammlungen Österreichs: das Leopold-Museum und das Museum Moderner Kunst Stiftung Ludwig mit Werken aus dem 20. Jh. Im quartier 21 wird wechselnden Kunst- und Kulturinitiativen Raum gegeben.
VII., Museumsplatz; U-Bahn: Volkstheater

Wien Museum → S. 60, c 6
Eine reiche Sammlung zur (Kunst-)Geschichte der Stadt mit Werken von Klimt und Schiele.
IV., Karlsplatz; Tel. 00 43/1/5 05 87 47

Einkaufen

Fürnkranz Couture → S. 60, d 4
Elegante Mode der führenden internationalen Designer.
I., Kärntnerstr. 39; U-Bahn: Stephansplatz

Plankl → S. 60, c 3
Sehr große Auswahl an klassischer Trachtenmode – und alles nur von den besten österreichischen Herstellern, zum Beispiel Geiger oder auch Giesswein aus Tirol.
I., Michaelerplatz 6; U-Bahn: Herrengasse

Naschmarkt → S. 60, b 5
Wiens traditioneller Marktplatz seit dem Jahr 1916. Hier gibt es alles, was das kulinarische Herz begehrt.
III., Naschmarkt; U-Bahn: Pilgrimgasse, Kettenbrückegasse

Kaffeehauskultur

Demel → S. 60, c 3
Wer an exzellente Wiener Mehlspeisen denkt, der denkt an Demel. Von der Sachertorte bis zur Schwarzwälder Kirschtorte – alle teuren Leckereien gibt es auch zum Mitnehmen.
I., Kohlmarkt 14; Tel. 00 43/1/5 35 17 17; U-Bahn: Herrengasse; tgl. 10–19 Uhr

Sperl → S. 60, b 6
Eines der schönsten Kaffeehäuser der Stadt. Für Zeitungsleser und Billardspieler ein Ort des Müßiggangs.
VI., Gumpendorfer Str. 11; Tel. 00 43/1/5 86 41 58; Straßenbahn 57 A; Mo–Sa 7–23, So 11–20 Uhr (Juli, Aug. So geschl.)

MERIAN-Tipp

4 Einkaufstempel Steffl

Wo früher Mozarts letztes Wohnhaus stand (in dem er auch 1791 starb), ist heute das Steffl in Wien eine Institution für hochwertige Bekleidung. Nach modernem Umbau erstrahlt es in neuem Glanz. Auf 14 000 qm finden sich Trachtenmode, Avantgarde, internationale Designermode, Accessoires, Bücher und Wiener Kunsthandwerk. Im obersten Stockwerk locken kulinarische Genüsse in einem Nobelrestaurant, und die Sky-Bar bietet einen weiten Blick über Wien.

I., Kärntner Str. 19; U-Bahn: Stephansplatz → S. 61, d 4

Heurige

Mayer am Pfarrplatz → S. 60, nördl. c 1
In diesem Haus komponierte Beethoven einst sein weltberühmtes Werk »Eroica«. Heute ist hier im Garten unter Kastanienbäumen einer von Wiens Nobelheurigen zu finden. Es werden hervorragende Weine serviert, verschiedene süße und pikante Strudel gibt es vom Büfett.
XIX., Pfarrplatz 2; Tel. 00 43/1/3 70 33 61; Straßenbahn 38 A; Mo–Sa 16–24, So 11–24 Uhr

Zwölf Apostelkeller → S. 61, e 3
Teile des Gewölbes in diesem Stadtheurigen sind 900 Jahre alt, die Fassade stammt von Lukas von Hildebrandt.
I., Sonnenfelsgasse 3; Tel. 00 42/1/5 12 67 77; U-Bahn: Stephansplatz; tgl. 16.30–24 Uhr

Service → S. 61, d 5

WienTourismus, A-1025 Wien; Tel. 00 43/1/2 11 14-0 (Mo–Fr 8–18 Uhr); www.wien.info

Der Donauwalzer

Einst komponierte Johann Strauß diesen berühmten Gruß Österreichs an die Welt.

Neben der Malerei hat keine Kunstform so sehr wie die Musik dazu beigetragen, die Donau weltberühmt zu machen. Eines der bekanntesten Stücke ist der Donauwalzer. Schon bald nachdem Johann Strauß 1867 diesen komponiert hatte, war er aus den Ballsälen nicht mehr wegzudenken. Populär wie die Hits der Gegenwart sollte seine Musik, einer Hymne gleich, Erkennungszeichen für Geselligkeit und das Land Österreich werden und den Mythos von der »blauen Donau« in die Welt tragen.

Donau so blau

»Donau, o blau, durch Tal und Au, wogst ruhig du hin, dich grüßt unser Wien,
dein silbernes Band, knüpft Land an Land,
und fröhlich Herzen schlagen an deinem schönen Strand.
Weit vom Schwarzwald her eilst du hin zum Meer,
spendest Segen allerwegen, ostwärts geht dein Lauf,
nimmst Brüder auf: Bild der Einigkeit für alle Zeit.
Alte Burgen seh'n nieder von den Höh'n,
Grüssen gerne dich vorn ferne, und der Berge Kranz, hell vom Morgenglanz, spiegelt sich in deiner Wellen Tanz.«

Erst 23 Jahre nach dem Entstehen des Walzers dichtete Dr. Franz von Gerneth (Oberlandesgerichtsrat) diesen zweiten Text für die berühmte Melodie. Doch war der Walzer bis dahin nicht »sprachlos« gewesen. Denn ist auch die Musik wunderschön und der Text romantisch, so war die Geburt des Walzers, wie es sich für einen so gewaltigen Fluss gehört, nicht frei von Dramatik.

Aus der Not geboren

Ein Ausflug in die Geschichte: Man schreibt den 3. Juli 1866 und Österreich ist Kaiserreich . Gerade sind die eigenen Truppen, geführt von General Benedekt, bei Königgrätz von

der preußischen Armee, angeführt von General von Moltke, geschlagen worden. Wien, das die Türkenbelagerung in schlechter Erinnerung hat, befürchtet das Schlimmste. Wird es wieder so weit kommen? Werden die vorrückenden Preußen in die geliebte Stadt einfallen? Die Stadtoberen haben keine andere Wahl: Sie erklären Wien zur offenen Stadt. Der Ernst der Lage wird der Bevölkerung erst richtig klar, als auch die traditionellen großen Bälle abgesagt werden. Wer die Freude der Wiener an Tanz und Musik kennt, wird begreifen, wie sehr die Menschen unter dieser tief greifenden Einschränkung gelitten haben müssen. Mitten in der Faschingszeit konnte so ein Narrenabend des Wiener Männergesangsvereins nicht stattfinden. Eine Alternative musste her und das möglichst schnell. Besagter Verein ließ also von Johann Strauß einen Walzer komponieren, den man trotz Ballverbots zur Aufführung bringen wollte. Schelmisch wie man war, dichtete man gleich einen Text, der in kabarettistischer Form den Staat und seine hilflosen Politiker verhöhnte und auch mit Anspielungen auf die verlorene Schlacht nicht sparte.

Mit der Donau ins neue Jahr

Alljährlich begrüßen die Wiener Philharmoniker am 1. Januar aus dem Haus des Musikvereins Wien am Karlsplatz das Neue Jahr mit einem vom ORF via Fernsehen und Radio in alle Welt übertragenen Neujahrskonzert. Einer der Höhepunkte ist die zweite Zugabe, wenn der Donauwalzer erklingt und so, begleitet vom Applaus des internationalen Publikums im Saal, ein musikalischer Gruß Österreichs in die Welt getragen wird. Fast jedes Jahr steht ein anderer Stardirigent am Pult und gibt den Takt an. Doch eines bleibt immer gleich: Beschwingt und voller Zuversicht sowie völkerverbindend wie der Fluss selbst ist der Donauwalzers, aus der Krise geboren, ein Zeichen der Hoffnung, wie schlecht die Zeiten auch sein mögen.

In diesem Zusammenhang noch ein wenig Farbenlehre: Auch wenn der großartige Johann Strauß seinen Walzer »An der schönen blauen Donau« nannte, Beobachtungen von 1935 haben ergeben: »Die Donau ist 6 Tage im Jahr braun, 55 lehmgelb, 38 schmutzig, 49 hellgrün, 47 grasgrün, 24 stahlgrün, 109 smaragdgrün, 37 dunkelgrün, aber blau ist sie niemals.« So viel zur »blauen Donau«!

Diese Farblithografie von 1901 zeigt »Johann Strauß im Wiener Prater concertierend.« Sie gehörte zu einer Serie von Sammelbildchen.

Nationalpark Donauauen bis Bratislava

Unzählige Pflanzen und seltene Tierarten haben hier einen geschützten Lebensraum gefunden.

Wilder Bärlauch im Nationalpark Donauauen – hier sind Pflanzen und Tiere allein dem Rhythmus der Natur unterworfen.

Die Donauauen, ein Gebiet von eindrucksvoller landschaftlicher Schönheit, sind über die Grenzen berühmt geworden, weil Mitte der Achtzigerjahre ein von der österreichischen Regierung geplantes Wasserkraftwerk zwischen Wien und der slowakischen Grenze den Protest zahlreicher Umweltschützer hervorrief. Prominente und ein großer Teil der Bevölkerung – sogar etliche der konservativen Seite – unterstützten die Bewegung. Sie besetzten kurzerhand ein in der Nähe von Hainburg gelegenes Waldstück, in dem bereits mit Rodungsarbeiten begonnen worden war, und stoppten das Vorhaben. Eine der letzten großen unverbauten Flussauen Mitteleuropas wurde so gerettet. 1997 erfolgte die internationale Anerkennung des 1996 geschaffenen Nationalparks Donauauen; die Donau ist auf ca. 36 km Fließstrecke Teil dieses Schutzgebiets, das derzeit eine Gesamtfläche von 9300 ha (ca. 60 % Auwald, 25 % Wasserflächen, Rest Nutzland) aufweist.

Groß-Branchiopoden
Die Urzeitkrebse, die man hauptsächlich als Fossilien kennt, haben westlich von Wien einen der letzten Lebensräume in Österreich. Besonders nach starken Regenfällen sind die gepanzerten Tiere gut zu beobachten.

Das Auf und Ab der Wasserstände mit beachtlichen Pegelschwankungen von bis zu 7 m bestimmt den Lebensrhythmus der Au. Auf diesen so regelmäßig überschwemmten, nährstoffreichen Auwiesen finden seltene Tierarten sowie eine vielfältige Vegetation mit über 400 Pflanzenarten ihre Heimat. Neben den ökologischen Aspekten ist durch die Ausweisung eines Nationalparks auch ein Erholungsraum für die Bevölkerung zwischen den Großstädten Wien und Bratislava erhalten geblieben.

Für den Schiffsverkehr bedeutet dieser Naturschutz aber auch ein paar Behinderungen: Alle Kapitäne müssen sich ab Wien bis zur slowakischen Grenze auf die natürlich fließende Donau einstellen und so ihr Fahrwasser nach der nötigen Tiefe auswählen. Für manche schwer beladenen Transportkähne kann die Donau bei Niedrigwasser eine ungewollte Ruhepause bedeuten!

Die Knoblauch-Kröte und die Gelbbauch-Unke
Der Donau-Kammmolch, Sumpfschildkröte, Ringelnatter und leider auch die Blaue Radioente bevölkern die Donauauen. Letztere ist aus Kunststoff, badewannengeeignet und wurde im Jahr 2000 gedankenlos in großer Zahl ausgesetzt. Nun muss sie mühsam wieder eingesammelt werden.

Carnuntum – römische Weltstadt

Auf halber Strecke zwischen Wien und Bratislava in der Nähe von Hainburg befindet sich hinter Bäumen versteckt liegend **Petronell-Carnuntum**, eine kleine Marktgemeinde mit ca. 1200 Einwohnern am rechten Ufer der Donau. Heute eher unbedeutend, lag hier mit der Festung Carnuntum einer der wichtigsten Stützpunkte der römischen Provinz Pannonien mit bis zu 50 000 Einwohnern (zum Großteil Soldaten). Unter Kaiser Marc Aurel war Carnuntum zwischen 171 und 173 n. Chr. römische Kaiserresidenz, und Septimius Severus wurde im Jahr 193 n. Chr. in Carnuntum zum Kaiser ausgerufen. Bauliche Zeugnisse dieser antiken Metropole sind im Archäologischen Park Carnuntum ausgestellt. Das markanteste Wahrzeichen ist das Heidentor, ein verfallener Triumphbogen. Ebenso sind die beiden Amphitheater, die Thermenanlagen sowie ein freigelegter Teil der Zivilstadt beeindruckend.

Pannonien
Die Region war von 9 bis 433 römische Provinz und reichte etwa von Wien über das westliche Ungarn bis ins heutige Slowenien und Kroatien. Nach 433 fiel das Land an Attila. Pannonisches Klima oder Pannonisches Becken sind bis heute gebräuchliche Begriffe.

Schöner Blick von Burg Röthelstein

Kurz bevor die Donau in die Slowakei übertritt, liegt in Österreich auf der rechten Uferseite die Stadt Hainburg. Weder die Mauer der auf einem markanten Felsen hoch über dem Flussufer gelegenen **Burg Röthelstein** (12. Jh.) noch die Burg auf dem Hainburger Schlossberg konnten im 16. Jh. den beiden Türkenstürmen standhalten. Ein Spaziergang zur Ruine Röthelstein lohnt, da sich von dort eine wunderbare Aussicht über die Donauauenlandschaft bietet.

Bratislava

Die »Schöne der Donau« – junges Flair in der frisch restaurierten Altstadt.

Das nächtliche Bratislava lässt die Donau erstrahlen. Hoch über der Stadt liegt die Burg Hrad, im Martinsdom (→ S. 71) ließ sich 1741 Maria Theresia krönen.

Bratislava

450 000 Einwohner
Stadtplan → S. 71

Wenn am Abend die Schiffe in Bratislava anlegen oder es zunächst nur passieren, fällt als Erstes die Neue Brücke (Novy most) über der Donau auf. Der Fluss hat hier eine Breite von bis zu 300 m. Die Brücke wurde in den Jahren 1967 bis 1972 als eine hängende Stahlbrücke, nur von einem Pfeiler getragen, gebaut. Diese eigenwillige Konstruktion erhielt später den Titel »Bau des 20. Jahrhunderts«.

Bratislava (deutsch »Pressburg«, ungarisch »Pozsony«) ist Hauptstadt der Slowakischen Republik – kurz Slowakei – und größte Stadt des Landes. Sie ist politisches, wirtschaftliches und kulturelles Zentrum, dessen Wahrzeichen schon seit Jahrhunderten eine Burg, genannt der Hrad, ist.

Das Stadtbild der Altstadt Bratislavas wird vor allem im Kern vom spätbarocken Baustil aus der Zeit Maria Theresias, der österreichisch-ungarischen Doppelmonarchie, geprägt.

Bratislava erhielt 1217 Stadtrecht und war von 1541 bis 1684 Hauptstadt des westlichen Teils von Ungarn. Die Ungarn verlegten ihre königlichen Amtsgeschäfte von Buda nach Pressburg, als Budapest im Mittelalter unter türkischer Besatzung stand. Die folgenden Monarchen hielten ihre Krönungszeremonien im Martinsdom ab.

Seit der friedlichen Trennung der tschechischen und slowakischen Republiken und der Gründung der Slowakischen Republik am 1. Januar 1993 ist Bratislava die jüngste Hauptstadt Europas.

Spaziergang

Hinweis: Beim Verlassen des Schiffes muss der an der Rezeption hinterlegte Pass/Ausweis abgeholt werden, um ihn an Land bei der Passkontrolle vorweisen zu können!

Die aufstrebende Hauptstadt des Landes ist eine liebenswerte alte Stadt, deren enge Altstadtgassen am besten zu Fuß zu erkunden sind. Auf diese Weise kann ganz intensiv das Flair von dem gemächlichen Leben zwischen Barock und Rokoko, Palais und Palisaden, Kunst und Kaffeehäusern genossen werden. Bis weit ins 18. Jh. erlebte Pressburg unter der Herrschaft von Kaiserin Maria Theresia bauliche Erweiterungen. Sisi ließ sogar den Graben zwischen Donau und Altstadt zuschütten, um Platz für weitere Bauten zu schaffen. Als jedoch Joseph II. im Jahr 1783 die ungarische Hauptstadt zurück nach Buda verlegte, war es mit dem Aufwärtstrend für Pressburg zunächst vorbei. In den letzten Jahren wurde sehr viel unternommen, um dem Ruf, »die Schöne der Donau« zu sein, wieder gerecht zu werden.

Nach der Zollkontrolle geht es zunächst nach links am Donauufer vorbei und dann nach rechts über die Straße zum **Slowakischen Nationaltheater** mit der Statue der Thalia über der Kuppel an der Vorderfront, in dem Opern und Ballett aufgeführt werden. Vor dem Gebäude, 1886 im Stil der Neurenaissance erbaut, steht die **Ganymedes-Fontäne** des Bratislaver Bildhauers Viktor Tilgner (1888). Links vom Nationaltheater führt eine Straße direkt ins Herz der Altstadt. Winzige Gassen, Höfe und einige kuriose Skulpturen sind hier zu entdecken, wie der schöne **Naci** oder der **Gaffer (Čumil)**, der am Straßenrand aus einem Gully hervorlugt – ein neuzeitliches Maskottchen der Stadt an der Ecke Panska zur Ventúrska. Das Verkehrsschild »Männer bei der Arbeit« soll verhindern, dass, wie schon zweimal geschehen, Pkw-Fahrer Čumil übersehen und »köpfen«. Der **Hauptplatz** (Hlavne námestie) – im 14. Jh. fanden hier die Jahresmärkte, aber auch Hinrichtungen statt – bildet das Zentrum des historischen Stadtkerns. Umgeben von gotischen Häusern, die zur Verteidigung der Stadt mit wehrhaften Türmen versehen wurden, ist hier auch der richtige Ort für eine Rast in einem der Cafés und Restaurants. Zu empfehlen ist das Café Mayer (10–18 Uhr), wo es hervorragende slowakische und wienerische Kuchen- und Tortenspezialitäten zu günstigen Preisen gibt, genauso wie gegenüber bei Café und Delikatessen Maximilian (8–22 Uhr). Wer hingegen lieber ein modernes Ambiente vorzieht, sollte ins Camouflage Café und Bar gehen (Ventúrska 1).

In der Mitte des Hauptplatzes befindet sich der **Maximilianbrunnen**, den König Maximilian II. bauen ließ. Am östlichen Rand des Hauptplatzes liegt das **Alte Rathaus**, das im 15. Jh. durch den Zusammenbau mehrerer Bürgerhäuser zu einem Ganzen entstanden ist. Den Kern bildet das im 14. Jh. von dem Stadtrichter Jakob erbaute Haus mit seinem Barocktürmchen, das heute als Museum genutzt wird. Der spätgotische Durchgang führt in den Innenhof mit einem Arkadengang aus dem 16. Jh. Links am Turm vorbei gelangt man zum **Primatialpalast**, in den Jahren 1778 bis 1781 nach den Plänen des Wiener Architekten Melchior Hefele im klassizistischen Stil errichtet. Das Tympanon ist übrigens mit einem Mosaik aus schätzungsweise 320 000 Steinchen verziert. Im Spiegelsaal unterzeichnete Napoleon I. und Kaiser Franz I. von Österreich 1805 nach der Schlacht von Slavkov (Austerlitz) den »Frieden von Pressburg«. In den Räumen sind Ausstellungen zu sehen, u. a. eine einmalige Gobelin-Kollektion aus dem 17. Jh.

Von hier aus geht es weiter zur **Franziskanerkirche** (Ursprung 13. Jh., barockisiert 18. Jh.) und – gegenüber – dem sehenswertesten Rokokogebäude von ganz Bratislava, dem **Mirbach Palais** (18. Jh.). Nachdem im Lauf der Zeit mehrfach der Besitzer wechselte, wünschte der letzte Eigentümer Graf E. Mirbach, dass hier eine Kunstgalerie eingerichtet würde. Das Ende der Haupteinkaufsstraße Michalská mit einigen Boutiquen und kunsthandwerklichen Geschäften markiert das **Michaelertor**. Mit seinem über 50 m hohen Turm war es Bestandteil der mittelalterlichen Befestigungsanlage der Stadt und wurde im Jahr 1758 mit einer barocken Kuppel und der Figur des Stadtheiligen Michael versehen. Direkt am Tor steht auch das schmalste Haus der Stadt, seine Breite beträgt nur 1,6 m.

Sehenswertes

Martinsdom → S. 71, b 7

Die dreischiffige gotische Kirche war zu Beginn des 14. Jhs. an der Stelle eines romanischen Gotteshauses gebaut worden und gilt heute als eines der schönsten gotischen Bauwerke der Slowakei. Die Innenausstattung war im Laufe der Jahrhunderte immer wieder ergänzt und umgestaltet worden. Im 18. Jh. schuf der österreichische Bildhauer Georg Raphael Donner auf Einladung des Erzbischofs Emmerich Eszterhazy den Hauptaltar und die Barockkapelle des hl. Johannes. Der zusammen mit der Kirche errichtete Turm erhielt in der ersten Hälfte des 19. Jhs. sein heutiges Aussehen. Auf der 85 m hohen Turmspitze befindet sich ein goldenes Kissen, auf dem wiederum eine Nachbildung der ungarischen Königskrone ruht. Im Laufe von drei Jahrhunderten (1563–1830) wurden hier elf ungarische Herrscher und acht Königinnen gekrönt. An der Nordwand des Presbyteriums befindet sich eine (nicht vollständige) Liste der hier gekrönten Häupter.

Nun sollte man genau hinsehen: Bei dem Spaziergang in der Innenstadt gilt es, kleine goldene Krönchen auf einigen Pflastersteinen zu entdecken. Sie markieren die Route des festlichen Krönungszuges. Ausgehend vom Martinsdom, durch die Domherrengasse (Kapitulska ulica), welche eine der ältesten Straßen der Stadt ist, vorbei am imposanten

gotischen Turm der **Klarissinnenkirche** und weiter durch die Probstgasse (Prepostska ulica), Venturengasse (Venturska) und Sattelmachergasse (Sedlarska) gelangen Sie dann wieder zum Hauptplatz.

Vom Donauufer, an der Auffahrt zur Neuen Brücke, führt ein schmaler Weg zum Sigismundtor (erste Hälfte des 15. Jh.) hinauf. Von hier erreicht man dann die Burg (**Hrad**), das Wahrzeichen Bratislavas und wegen seiner auffällig nach oben gestreckten Ecktürme auch im Volksmund »der umgedrehte Tisch« genannt.

Rudnayovo nám., Starý mesto; Tel. 0 04 21/2/54 43 13 59; Mo–Fr 10–11.30 und 14–18, Sa 10–12, So 14–16.30 Uhr

Donauknie

Der Fluss wechselt die Richtung – doch zuvor beeindruckt die Baukunst auf und neben der Donau.

Die wunderschöne Stadt Esztergom am Donauknie ist Sitz des Oberhaupts der katholischen Kirche in Ungarn.

Zum Mitschreiben
Flusskilometer 1853,0 = 38,45 Kanalkilometer und Flusskilometer 1811,0 = 0,0 Kanalkilometer = Wiedereintritt in die Donau.

Bevor zwischen Bratislava und Budapest Natur und reiche Kultur das Interesse wecken, sollte unbedingt auch eine technische Attraktion Beachtung finden. Dem aufmerksamen Flussfahrer wird auffallen, dass kurz hinter Bratislava der Fluss einen geradlinigen Verlauf annimmt und beiderseits von Dämmen begleitet wird. Hierbei handelt es sich nicht mehr um die Donau, sondern um den Gabčikovo-Kanal. Auch ein Blick auf die Seekarten, die auf den Schiffsmonitoren beim Kapitän zu sehen sind, zeigt, dass das Flussbett der Donau verlassen wurde, denn die Kilometrierung hat sich geändert. Da der Kanal kürzer ist als der Flusslauf, wurde er eigens vermessen. Diese neue Verkehrsführung war notwendig geworden, nachdem in den Achtzigerjahren ein großes Stauprojekt realisiert werden sollte. Man plante, den Fluss Gabčikovo bis Nagymaros, unmittelbar vor Visegrád, als Energiespender zu nutzen. Das Staudammprojekt wurde nie umgesetzt, das Kraftwerk Gabčikovo aber gebaut. Selbst wenn es spät in der Nacht ist, muss das Schauspiel miterlebt werden! Daher entweder den Wecker stellen oder wach bleiben und an Deck gehen, wenn gut 20 km nach Bratislava das Schiff in die **Schleuse von Gabčikovo** fährt. Die Donau wird hier angestaut und ihre Kraft von dem Wasserkraftwerk (10 Turbinen) genutzt. Die Schiffe werden bei der Durchfahrt mittels der größten Schleusenkammer der Welt – 34 x 275 m – um bis zu 20 m gehoben und gesenkt. 3

Die strahlende Basilika Esztergom

Esztergom, ehemaliges Gran, eine Stadt mit 30 000 Einwohnern, ist eine der ältesten Städte Ungarns. 972 ließ Fürst Géza einen Palast bauen, in dem der Legende nach im Jahr 1000 sein Sohn Stephan I. geboren wurde: erster ungarischer König und Staatsgründer.

Grenzfluss
Wieder einmal ist die Donau Grenze und Kulturbrücke zugleich. Am nördlichen Ufer liegt Esztergoms slowakische Schwesterstadt Štúrovo, zu Deutsch Parkan.

Die meisten Schiffe machen hier einen technischen Halt, bei dem nur die Tagesausflügler an Land gehen können. An Bord Gebliebene sollten aber auf keinen Fall verpassen, wenn die auf dem Burgberg gelegene Basilika passiert wird. Sie wurde in den Jahren 1821 bis 1856 im klassizistischen Stil erbaut und ist heute Hauptsitz der katholischen Kirche Ungarns. Bei ihrer Einweihung im Jahre 1856 dirigierte Franz Liszt (1811–1886) in Anwesenheit Kaiser Franz Josephs I. seine berühmte und für diesen Anlass komponierte Graner Messe.

Ein besonderes Erlebnis und sicher einer der Höhepunkte der Donaukreuzfahrt ist es, am Abend mit dem Schiff an der beleuchteten **Basilika Esztergom** vorbeizugleiten. Der Kapitän lässt langsamer fahren, und ehrfurchtsvoll schaut man zu dem erhaben und fast schon ein wenig entrückt wirkenden Prachtbau empor, der noch lange seinen Glanz am Abendhimmel verstrahlt. 4

Vielvölkerstadt
Nach der Besatzung durch die Türken im 16. und 17. Jh. siedelten sich Slowaken, Deutsche und heimgekehrte Ungarn gemeinsan an.

Auch ein Landausflug zur Kathedrale, der zweitgrößten Kirche Europas, ist lohnend. Sie besitzt eine Kuppel mit einem Durchmesser von 33,5 m und ein auf Leinwand gemaltes Altarbild, das eine vergrößerte Kopie der Assunta von Tizian darstellt und als das größte seiner Art gilt. Ein Blick in die Schatzkammer bietet einen Eindruck der größten Sammlung sakraler Kunst Ungarns und rund 1000 Jahre Kirchengeschichte.

Der Königspalast wurde im 10. Jh. als Residenz der ungarischen Könige genutzt und immer weiter zu einer befestigten Burg ausgebaut. Nachdem 1249 Béla IV. seine Residenz nach Buda verlegte, zogen die Bischöfe ein, die weitere Umbauten veranlassten. Die museal genutzten Räume spiegeln die Baugeschichte wider.

Zu Gast in der »hohen Burg«

Erklärung von Visegrád

Seit 1991 gehören Ungarn, Polen, Tschechien und die Slowakei der Visegrád-Gruppe an, die sich die Mitgliedschaft in der EU und der NATO zum Ziel gesetzt hatte.

Visegrád ist slawisch und bedeutet »hohe Burg«. Das malerisch gelegene Städtchen (3000 Einwohner) ist vor allem wegen seiner **Zitadelle** und den Überresten des **Königspalastes** ein Besucher-Magnet.

Schon die Römer errichteten hier im 4. Jh. eine Festung, deren Reste am Sibrik-Hügel nördlich der Főutca noch heute erhalten sind. Anfang des 14. Jh. zog der königliche Hof hierher und ließ zu diesem Zweck ein prachtvolles Schloss am Donauufer erbauen. Die Glanzzeit dieses Visegráder Königspalastes begann jedoch in der Mitte des 15. Jh., als er im gotischen Stil weitergebaut wurde. Während der Türkenherrschaft wurden sowohl der Königspalast als auch die ältere Burg zerstört, später verschwand der Palast nach einem Erdrutsch vollständig. Die Ausgrabungen begannen erst im Jahr 1934.

Hohe Burg

Die Ruinen der gewaltigen Hochburg liegen hoch über dem Fluss. Der gekennzeichnete Weg führt von dort zum Nagyvillám Hügel, von dessen Aussichtsturm man einen Blick auf die schöne Umgebung des Börzsöny- und des Cserhát-Gebirges werfen kann.

Vom Schiff aus gesehen befindet sich neben dem Hafen der so genannte Wasser-Festungsturm. Das mehrstöckige, im romanischen Stil erbaute Gebäude kontrollierte einst den Schiffsverkehr auf der Donau und sicherte die Wasserversorgung des Schlosses. Da es jedoch dem Bau der Hauptstraße im Wege stand, wurde es abgerissen und erst 1937 in seiner heutigen Form wieder aufgebaut. Der Turm, allgemein **Salomonturm** genannt, wurde zur gleichen Zeit wie die Burg, also im 13. Jh., gebaut. Das Gebäude mit seinen bis zu 8 m dicken Wänden nennt man Salomonturm, weil einer Legende nach König Lásló I. seinen Rivalen, den Königssohn Salomon, hier gefangen hielt. Allerdings: Dieses geschichtliche Ereignis fällt zeitlich in das 11. Jh., als der Turm noch nicht gebaut war ...

Einst römisch – das Städtchen Vác

Am linken Donauknie am Stromkilometer 1679,5 liegt das kleine Barockstädtchen **Vác**, das sich durch seinen einzigartigen Triumphbogen aus dem Jahre 1764 auszeichnet. Vác war einst eine römische Festung, deren Überreste zu besichtigen sind. Trotz seines industriellen Umlandes konnte Vác sein barockes Flair bewahren.

Die Kunst ruft in Szentendre

Ein beliebter Ausflug ist der in das Künstlerstädtchen **Szentendre**. Ein Hauch von Nostalgie weht durch das kleine Worpswede Ungarns mit der liebevoll restaurierten Altstadt. Szentendre wurde früher Sankt Andrä genannt (Szent = heilig; Endre = Andreas).

Zu Beginn des 18. Jh. führten vor allem zugewanderte Serben Szentendre als Handelsstadt zur Blüte. Heute könnte man den Ort wegen der zahlreichen Museen und Gedenkhäuser sowie wegen der hier ansässigen oder einen großen Teil des Jahres hier tätigen Künstler als »Museumsstadt« bezeichnen. Wer durch die schmalen Gassen geht, Anhöhen oder Treppen emporsteigt, die winzigen alten Bürgerhäuser mit den Stilmerkmalen von Barock, Rokoko und Zopfstil bestaunt und das bunte Treiben auf den kleinen Plätzen beobachtet, kann nicht umhin festzustellen: Dieses Donaustädtchen besitzt eine märchenhafte Atmosphäre.

Spaziergang

Ein kleiner Spaziergang durch den Ort kann am Hősök tere beginnen, vor der Station der Vorortbahn HÉV. Durch die Unterführung gelangen Sie zur Kossuth Lajos utca, die genau ins Herz der Stadt führt. Bald schon erblickt man die griechisch-orthodoxe **Požarevaćka-Kirche**, benannt nach dem Ort Požarevaćka, aus dem die ersten Mitglieder der hiesigen serbischen Gemeinde stammten. Die Kirche wurde im 18. Jh. im Barockstil erbaut. Vorbei an schönen alten Häuschen gelangt man in die Dumtsa Jenőutca, wo im Haus Nr. 10 Werke des großen ungarischen Avantgardekünstlers Jenő Barcsay (1900–1988) zu sehen sind. Das Stadtzentrum, mit dem dreieckigen **Fő tér-Platz,** wird geprägt durch kleine Häuschen in verschiedenen Stilarten und ein Kaufmannskreuz. Dieses errichteten serbische Kaufleute aus Dankbarkeit, der Pest entronnen zu sein. In den ehemaligen serbischen Handelshäusern (Nr. 2 – Nr. 5) befindet sich eine **Gemäldegalerie** mit einer Auswahl an Werken der über 100 in der Stadt arbeitenden Künstler. An der zur Donau liegenden Seite des Fő tér, an der Ecke der kurzen Görög utca, steht die griechisch-orthodoxe **Mariä-Verkündigungs-Kirche Blagovestanska** (1752), der wohl schönste Barockbau der Stadt. Im Haus Nr. 6, einem Zopfstilgebäude, wurde das **Ferenczy-Museum** mit Werken der namhaften ungarischen Künstlerfamilie Ferenczy untergebracht. Von hier führt der Weg in die Görög utca und von dort nach rechts in die Wastagh György utca, an deren Ecke sich Szentendres meistbesuchte Sammlung befindet mit Arbeiten der bekannten ungarischen Keramikkünstlerin Margit Kovács (1902–1977). Weiter geht es durch die Alkotmány utca zum mauerumfriedeten ehemaligen Zentrum der prawoslawischen Kirchengemeinde, der christlich-orthodoxen Bischofskirche (Görögkeleti Püspöki Székesegyh, 1756–1764), auch Belgrader oder **Saborna-Dom** genannt.

Nach prawoslawischer Sitte liegt im mittleren, um eine Stufe tiefer liegenden Teil der Platz für die Männer, während sich die »Frauenkirche«, durch ein Tor zu betreten, unter dem Chor befindet. Auf dem Domhof steht das Gebäude der **Serbischen Kirchenkunstsammlung** (Szerb Egyháztörténeti Gyűjtemény).

Turbulente Geschichte
Als Belgrad 1739 an die Türken fiel, wurde Szentendre von einer wahren Welle serbischer Flüchtlinge überspült. Die Neuankömmlinge belegten die Stadt völlig mit Beschlag, so dass diese sogar Sitz eines prawoslawischen (orthodoxen) Bischofs wurde.

Ferenczy-Museum
Im 19. und frühen 20. Jh. waren der Maler Karóly, seine Geschwister Noémi und Béni für Gobelin- und Bildhauerarbeiten bekannt.

Budapest

Bei Tag oder bei Nacht eine der schönsten Stadtansichten während der Donaukreuzfahrt.

Nostalgie der Gründerzeit erwartet den Gast im legendären Gerbeaud (→ S. 81) in der Budapester Innenstadt. Café-Besucher sollten es sich nicht entgehen lassen, ein Stück Esterházy- oder Dobos-Torte zu bestellen – beide sind Spezialitäten des Hauses.

Budapest

1 886 000 Einwohner
Stadtplan → S. 79

Das Stadtbild der fast Zwei-Millionen-Menschen-Metropole (19 % der Bevölkerung Ungarns) wird von der Donau geprägt, die mitten durch die Stadt fließt. Der französische Dichter und Romancier Jules Romains schrieb: »Budapest bildet mit der Donau eine der schönsten Fluss-Stadt-Landschaften, die es gibt, vielleicht die schönste in Europa, ebenbürtig mit London und der Themse sowie Paris und der Seine.« Auf der rechten Seite des breiten Stroms liegt das von Bergen umkränzte Buda, auf der linken das flache Pest. Kleine Eselsbrücke: Dort, wo das Parlament liegt, ist Pest, dort, wo die Burg liegt, ist Buda. Erst seit 1873, als die bis dato eigenständigen Siedlungen Óbuda (Altofen), Buda und Pest vereinigt wurden, trägt die Stadt den Namen Budapest.

Die Lage am Schnittpunkt zweier Kulturkreise und die daraus resultierende besondere Rolle Budapests kommen insbesondere im Lebensrhythmus der Stadt, in der Mentalität der Budapester zum Ausdruck. Westlicher praktischer Sinn – in erster Linie der der Deutschen, die jahrhundertelang hier Einfluss nahmen – und Rationalismus leben hier traut vereint mit der typischen östlichen Gelassenheit und Unordnung.

Alles begann vor fast 2000 Jahren: Von 35 bis 34 v. Chr. eroberte der spätere Kaiser Augustus die neue, von den Alpen bis zur Donau reichende römische Provinz Pannonia, und seine Nachfolger ließen am Limes, an der Grenzlinie des Flusses, ein Soldatenlager und, für die Angehörigen der Legionäre, die Bürgerstadt Aquincum errichten.

In der Zeit vom 16. Jh. bis in unsere Zeit litten wenige Städte so unter kriegerischen Auseinandersetzungen wie Budapest. Deshalb gehören die barocken Adelspalais des 18. Jh. im Budaer Burgviertel heute leider der Vergangenheit an. Einst waren sie Budas Zierde und zeugten von der blühenden Kultur der Madjaren.

Die niedergeschlagene Revolution und der Freiheitskampf von 1848/49 hatten den Ausgleich mit dem Haus Habsburg und die Gründung der österreichisch-ungarischen Monarchie zur Folge. Wien und Budapest wurden nun sozusagen »Schwesterstädte«, und das junge Budapest stieg zur Weltstadt auf. Charakteristisch für die Donaustadt ist, dass sie sich erst um die folgende Jahrhundertwende zur Metropole entwickelt hat. Die Stadtväter wollten sie im Rahmen der österreichisch-ungarischen Monarchie mittels wohlüberlegter Aktionen ausbauen, um so zu einer Konkurrenz zu Wien zu werden. In dieser Zeit des Wettstreits entstanden die langen Straßenzüge am Donauufer, die Brücken und Ringstraßen, das Parlament, die Staatsoper und viele andere öffentliche Gebäude in einer solchen Pracht, dass einige Budapest sogar zum »Paris des Ostens« erklärten. Hier fühlte sich auch Kaiserin Sisi wohl, die in dem bezaubernden Barockschloss Grassalkovich in Gögöllö weilte, zu dem die meisten Kreuzfahrtschiffe einen Ausflug organisieren.

Hotels

Hilton ⇢ S. 79, a 3

Das schönste moderne Hotel der Stadt. Im Burgviertel direkt neben der Mathiaskirche gelegen. Es wurde in die Reste eines Dominikanerklosters integriert.

I., Hess András tér 1-3; Tel. 00 36/1/ 8 89 66 00, Fax 8 89 66 44; www.budapest. hilton. com; Burgbus; 323 Zimmer ●●●●
AmEx MASTER VISA

Gellért ⇢ S. 79, b 5

Das wohl berühmteste Budapester Hotel, gleichzeitig Kurhotel. Die prächtige Jugendstilfassade und die ge-

MERIAN-Tipp

5 Spaziergang entlang der Andrássy út

Eine Zeit von 2 bis 3 Stunden muss man einrechnen – mit Museumsbesuch entsprechend länger – für einen Spaziergang entlang der Andrássy út. Die nach dem ersten ungarischen Ministerpräsidenten der Doppelmonarchie Gyula Andrássy benannte Prachtstraße war jahrzehntelang die imposanteste Allee der Hauptstadt. Sie führt vom Kleinen Ring bis zum Heldenplatz am Stadtwäldchen und bildet eine geschlossene architektonische Einheit mit bedeutenden Kulturstätten, teuren Geschäften und eleganten Cafés.

···› S. 79, c 3

pflegten Zimmer verbreiten schlichte Eleganz. Zum Hotel gehört das wunderschöne Heilbad Gellért. Hervorragende Konditorei im Erdgeschoss.
XI., Szent Gellért tér 1; Tel. 00 36/1/ 8 89 55 01, Fax 8 89 55 05; www.danubisgroup.com/gellert; Autobus 7; 235 Zimmer ●●● AmEx MASTER VISA

Erzsébet ···› S. 79, c 4
Ein familiär geführtes Haus mit angenehmer Atmosphäre im Herzen der Innenstadt. Das Kellerrestaurant hat sich durch seine gute Küche einen Namen gemacht.
V., Károlyi Mihály utca 11-15; Tel. 00 36/ 1/8 89 37 00, Fax 8 89 37 63; www.danubisgroup.com/erzsebet; Metro 3, Ferenciek tere; 123 Zimmer ●● AmEx MASTER VISA

Sehenswertes

Da die Kreuzfahrtschiffe in unmittelbarer Nähe der Freiheitsbrücke (Szabadság híd) anlegen, können fast alle wichtigen Sehenswürdigkeiten zu Fuß erreicht werden. Um leichter zur Burg und der Fischerbastei zu gelangen, eignet sich die Standseilbahn auf der Budaer Seite neben dem Burgbergtunnel an der Kettenbrücke. Natürlich bieten die Schiffe zur ersten Orientierung auch geführte Stadtrundfahrten an; sehr zu empfehlen ist eine Lichterfahrt am Abend, bei der die prachtvollen Fassaden der Innenstadt und die Brücken im Glanz von unzähligen Scheinwerfern und Leuchten erstrahlen.

Burgpalast (Budavári palota)
···› S. 79, b 4
Mit dem Bau des Königsschlosses wurde im 13. Jh. begonnen, im 16. Jh. galt sie als eine der schönsten Residenzen Europas. Nach der Befreiung von der Türkenherrschaft (1686) blieben vom Königsschloss nur noch Ruinen übrig. Mitte des 18. Jh. wurde dann der südliche Flügel mit seinen 203 Sälen errichtet. 1890 begann man mit dem Bau des auch heute das Donaupanorama prägenden, 304 m langen Flügels im neobarocken Stil. Nach dem Zweiten Weltkrieg blieben erneut nur Ruinen zurück. Im Zuge des 1950 begonnenen Wiederaufbaus kamen wertvolle archäologische Funde ans Tageslicht. Statt der ehemals barocken Kuppel erhielt das Gebäude eine klassizistische. Heute beherbergt der Komplex Museen, eine Galerie und eine Bibliothek.
I., Szent György tér; Burgbus und Standseilbahn

Fischerbastei (Halászbástya)
···› S. 79, a 3
Es ist mittlerweile zur Tradition geworden, dass Budapest-Besucher die Besichtigung der Stadt mit der Halászbástya beginnen.

Die Fischerbastei wurde zwischen 1899 und 1905 von Frigyes Schulek im neoromanischen Stil erbaut und hatte zu keiner Zeit irgendeine Schutzfunktion. Ihren Namen verdankt sie dem Umstand, dass der hier verlaufende Abschnitt der früheren Stadtmauer im Mittelalter von der Gilde der Fischer verteidigt 5

Budapest
Szentendre, Visegrád, Aquincum
Fő tér
Margitsziget (Margareteninsel)
Szt. István park
Victor Hugo u.
Balzac u.
Radnóti Miklós u.
Pannónia u.
Apostol u.
Lukács-Bad
Árpád fejedelem u.
Margit híd
Újpesti rkp.
Türbe des Gül Baba
Rózsadomb
Bimbó u.
Margit híd (Margaretenbrücke)
Katona József u.
Hegedűs Gyula u.
Kresz Géza u.
Váci út
Ferences templom
Tölgyfa u.
rkp.
Szt. István krt.
Nyugati pu. (Westbahnhof)
Bem J. tér
Duna (Donau)
Széchenyi rkp.
Margit krt.
Király-Bad
Fő u.
Lipótváros
Nyugati tér
Nyugati pu.
Széna tér
Varsányi Irén u.
Vitéz u.
Bem rkp.
Markó u.
Teréz krt.
Víziváros
Mihály-Károlyi-Statue
Ethnographisches Museum
Jókai u.
Csalogány u.
Batthyány tér
Alkotmány u.
Batthyány u.
Toldy
Parlament
Kossuth L. tér
Lajos-Kossuth-Denkmal
Várfok u.
Bécsi kapu tér
Donáti
Ferenc u.
Bem
Kossuth Lajos tér
Nagymező u.
Ó u.
Akadémia
Nádor u.
Szabadság tér
Kriegshistorisches Museum
Fortuna u.
Táncsics M.
Országház u.
Matthiaskirche
Corvin tér
Széchenyi u.
Ungar. Staatsoper
Arany J. u.
Lovas u.
Úri u.
Attila út
Fischerbastei
Fő u.
Ungarische Akademie der Wissenschaften
Bajcsy-Zsilinszky út
Andrássy út
St. Stephans-Pfarrkirche
Burgviertel
Postmuseum
Krisztina krt.
Széchenyi Lánchíd (Kettenbrücke)
Roosevelt tér
Bajcsy Zsilinszky út
Palota út
Dísz tér
Clark Ádám tér
József Attila u.
Logodi u.
Standseilbahn
Belgrád rkp.
Danubiusbrunnen
Deák F. tér
Apáczai Cs. János u.
Alagút u.
Burgpalast
Lánchíd u.
Evang. Kirche
Károly krt.
Mészáros u.
Attila út
Várfalja u.
Vörösmarty tér
Vigadó tér
Gellérthegy u.
Krisztina
Hauptstädt. Rathaus
Groza Péter
Városház
Lisznyai u.
Dózsa Gy. tér
Ybl M. tér
Belváros
Váci u.
Avar u.
Naphegy tér
Döbrentei u.
Kossuth L. u.
Semmelweis-Museum für Medizingeschichte
Március 15. tér
Ferenciek tere
Ungarische Hochschule für Körpererziehung
Tabán
krt.
rkp.
Erzsébet híd (Elisabethbrücke)
Csörsz u.
Zsolt u.
Rácz-Bad
Döbrentei tér
Univ.-kirche
Molnár u.
Hegyalja út
Aladár u.
Elisabethstatue
Szerb u.
Sánc u.
Rudas-Bad
Szt. Gellért
Belgrád rakpart
Zitadelle
Befreiungsdenkmal
Alsóhegy u.
Szirtes út
Vámház krt.
Zentrale Markthalle
Gellért-hegy . 235
Schweidel u.
Somlói u.
Kelenhegyi út
Szabadság híd
Gellérthegy
Szent Gellért tér
Ménesi út
Kőbölkút u.
Gellért-Bad
Műegyetem rkp.
Villányi út
Szüret u.
Universität für Gartenbau
Budapester Technische Universität
Alsóhegy u.
Daróci út
Ábel Jenő u.
Ménesi út
Bartók Béla út
Budafoki út
0
900 m
Feneketlen tó
Móricz Zsigmond körtér
Tas vezér u.
Egry J. u.
b
c
1
2
3
4
5
6

wurde und sich der Fischermarkt in der Nähe befand.

Gleich daneben die **Matthiaskirche** (Mátyás Templom), Mitte des 13. Jh. im gotischen Stil als Pfarrkirche für die deutsche Bevölkerung errichtet. Hier wurden die letzten ungarischen Könige gekrönt. Der mit farbiger Majolika verkleidete kleinere Turm trägt den Namen König Bélas; der rechte, 80 m hohe Turm, nach König Matthias benannt, ist mit dessen Familienwappen geschmückt.

I., Szentháromság tér, Burgbus;
Eintritt für Panoramaterrasse 200 Ft,
für Matthiaskirche 350 Ft

Heldenplatz (Hősök tere)

→ S. 79, östl. c 2

Die 36 m hohe Siegessäule, 1896 zur Tausendjahrfeier der ungarischen Landnahme errichtet, bildet den Mittelpunkt dieses Platzes. Sie wird umringt von den Reiterstatuen Árpáds und sechs anderen madjarischen Stammesfürsten.

Im Halbrund der an den Platz angrenzenden Arkaden findet man die Standbilder von 14 Herrschern und anderen Persönlichkeiten der ungarischen Geschichte, zu deren Füßen als Relief je eine historische Szene zu sehen ist. Vor der Siegessäule bewahrt ein Gedenkstein die Erinnerung an den »Unbekannten Soldaten«.

Metro 1; Hősök tere

Kettenbrücke (Lánchíd) → S. 79, b 3

Die Kettenbrücke, beidseits von zwei Löwen bewacht, gilt als eines der Wahrzeichen Budapests. Es war der Traum des großen Staatmannes der Reformzeit Graf István Széchenyi (1791–1860), die beiden Städte durch eine feste Brücke zu verbinden. 1849 wurde sie eingeweiht.

Gegen Ende des Zweiten Weltkriegs, in der letzten Phase der Kämpfe um Budapest, wurde die Kettenbrücke von den sich nach Buda zurückziehenden deutschen Truppen gesprengt. 1949, 100 Jahre nach ihrer ersten Einweihung, übergab man die neue »alte« Kettenbrücke, nun 1 m breiter, zum zweiten Mal ihrer Bestimmung. Die beiden die Donau überspannenden Brückenketten sind dicht mit Lampen bestückt; ihr Licht trägt zum besonderen Reiz des nächtlichen Budapest bei.

Freundliche Marktfrauen helfen gerne weiter, wenn der Überblick über das reichhaltige Angebot in der Budapester Markthalle (→ MERIAN-Tipp, S. 81) mal verloren geht.

Parlament → S. 79, b 2
Der Komplex ist 268 m lang, 118 m breit, in der Kuppel 96 m hoch, umfasst 691 Räume und hat 27 Tore. Der Stil des von Imre Steindl entworfenen Gebäudes kann als orientalisch angehauchte Neugotik bezeichnet werden; die Innenausstattung lässt überdies u. a. Stilelemente des Barocks und der Renaissance erkennen. Im Südflügel befindet sich der Sitz der Nationalversammlung; außerdem beherbergt das Parlamentsgebäude die Räumlichkeiten des Präsidial- und des Ministerrats samt der Verhandlungs- und Empfangsräume. Das Parlamentsgebäude kann nur im Rahmen von Gruppenführungen besichtigt werden.
V., Kossuth Lajos tér 1-3; Metro 2, Kossuth tér; Anmeldung zu Führungen: Tel. 00 36/ 1/4 41 49 04, 4 41 44 15; Eintritt 1700 Ft

Ungarisches Nationalmuseum (Magyar Nemzeti Múzeum) → S. 79, b 4
Dieses wohl schönste klassizistische Bauwerk Budapests entstand zwischen 1837 und 1847 nach Entwürfen von Mihály Pollack. Im ersten Stock wird die Geschichte des ungarischen Volkes von der Landnahme bis zur Revolution 1849 dokumentiert. Der Flügel im Saal IV gehörte einst Beethoven und ging dann in den Besitz von Franz Liszt über. Im Prunksaal des 1. Stocks sind die ungarischen Krönungsinsignien ausgestellt: Krone, Zepter, Reichsapfel und Krönungsmantel.
VIII., Múzeum körút 14–16; Metro 3, Kálvin tér; tgl. 10–17 Uhr, im Sommer tgl. 10–18 Uhr, Mo, Di geschl.

Cafés

Gerbeaud → S. 79, c 4
Berühmte Nostalgie-Konditorei im Herzen der Innenstadt, wo »man« seinen obligatorischen Kaffee trinkt und ein Stückchen Kuchen verzehrt. Die Leckerbissen des seit 1888 bestehenden Etablissements sind wegen ihrer vorzüglichen Qualität und ihrer Vielfalt ein feststehender Begriff in der Stadt. Die Salons weisen einen Stilmix zwischen Rokoko und Jugendstil auf und sind seit eh und je ein äußerst beliebter Treffpunkt der Budapester »Klatschbörse«.
V., Vörömarty tér 7; Tel. 00 36/1/4 29 90 00; Metro 1, Vörömarty tér; tgl. 9–21 Uhr

Ruszwurm Cukrázszda → S. 79, b 4
Diese Konditorei existiert immer noch in ihrer Einrichtung aus dem Jahr 1824. Traditionell nach dem Sonntagsgottesdienst stärken sich Alt und Jung mit köstlichem Gebäck.
I., Szeentháromság tér 7; Tel. 00 36/1/ 3 75 52 84; www.ruszwurm.hu; Autobus 16; Burgbus; tgl. 10–20 Uhr

Einkaufen

Haas & Czyzek → S. 79, östl. c 4
Die älteste Firma für Geschirr in ungarischem Design, chinesisches Porzellan, tschechische Kristalle sowie ungarische Marken-Glasware.
V., Bajcsy Zsilinszky út 23; Metro 3, Arany János utca

Vass Cipőbolt → S. 79, östl. c 4
Hier gibt es die berühmten, in Handarbeit und auf Wunsch nach Maß hergestellten Budapester Herrenschuhe von László Vass.
V., Haris köz 2; Metro 3, Ferenciek terre

MERIAN-Tipp

6 Zentrale Markthalle

Die Ende des 19. Jh. erbaute und wunderschön renovierte zentrale Markthalle verbindet Elemente der Neugotik und der Moderne. Angeboten werden ungarische Spezialitäten und die beliebten gestickten Decken – ein schönes Mitbringsel. Unbedingt auch ins Obergeschoss gehen.
XI., Vámház körút 1-3; Metro 3, Kálvin tér → S. 79, c 5

Die ungarische Tiefebene bis Novi Sad

Ein Land will entdeckt werden, denn Ungarn hat so viel mehr zu bieten, als nur die berühmten Paprika.

Die traditionellen Puszta-Reiter veranschaulichen in ihren waghalsigen Vorführungen ein Stück ungarische Geschichte.

Für viele Ungarnbesucher ist die Puszta Sinnbild ungarischen Lebensgefühls. Daher bieten Veranstalter von Flusskreuzfahrten auch Ausflüge in die unberührte Landschaft des Hinterlandes von Budapest mit ihrer weiten Grasfläche und den großen Viehherden an. Vergnügliche und informative Ausflüge mit folkloristischen Elementen informieren über das Leben in einer Region, die übersetzt »nichts« oder »Ödnis« bedeutet.

Was kann man also sehen und erleben, wenn eigentlich »nichts« und das auch noch in der Ödnis geboten wird? »Vieles«, wird der Einheimische dem Gast versichern. Allein die unermessliche Weite, die bis zum Horizont und darüber hinaus reicht, beeindruckt, und wenn die Sonne im Sommer vom wolkenlosen Himmel herunterbrennt, meint man manchmal sogar, eine Fata Morgana (déli-bab) auftauchen zu sehen.

Die Ungarische Tiefebene erstreckt sich zwischen der Donau und der östlichen Landesgrenze. Schon vor

Ungarisches Steppenrind

Die hellgrauen bis weißen Tiere mit den markanten Hörnern werden als Zugtiere und Milch- und Fleischlieferanten eingesetzt. Sie sind sehr robust, brauchen keine Stallungen.

6000 Jahren hatten sich Bauern von der Balkanhalbinsel hier angesiedelt, daher zählt sie zu einer der ältesten Kulturlandschaften Europas. Doch erst der Mongolensturm im 13. Jh. und die 150-jährige Türkenherrschaft verursachten die Versteppung der Böden, und eine trockene, begraste Ebene mit einer Fläche von 63 600 ha entstand. Durch ein weit gespanntes Bewässerungssystem konnten die Magyaren (wie sich die Ungarn selbst bezeichnen) dem trockenen, sandigen Boden Stück für Stück Land für Getreidefelder und, dank der warmen Sommertemperaturen, auch für Obst-, Wein- und Gemüseanbau abringen. Nur die Naturschutzgebiete Hortobágy bei Debrecen, Szeged und Bugac sind noch in ihrem ursprünglichen Charakter einer menschenleeren Graslandschaft erhalten.

Csardasfürstin
Die Operette um die schöne Sängerin Sylva Varescu, die den Fürsten Edwin liebt, aus Standesgründen aber erst nach allerlei operettenhaften Verwicklungen ehelichen darf, ist mit Walzermelodien weltberühmt geworden.

Bei einem Ausflug zu einem Gutshof in der Puszta wird der Besucher bereits am Eingang von einem Pferdehirten in traditioneller Kleidung begrüßt. Nach einem Gläschen Aprikosenschnaps geht es weiter zu einer **Reitervorführung**. Mutige und geschickte Csikós zeigen, wie sicher sie mit ihren Pferden umgehen können. Die Ungarn/Magyaren stammen von einem nomadisierenden asiatischen Reitervolk ab, dessen harter Alltag immer wieder von reiterlichen Wettkämpfen bestimmt war. Angesehenster und ranghöchster Hirte war der Csikós, der Pferdehirt, ihm folgt der Gulyás, der Rinderhirt – von dem sich der Name des Fleischgerichtes Gulasch (»Gulyas«), die »Suppe des Rinderhirten«, ableitet. Nach der Vorführung wird eine Kutschenfahrt über das Gelände des Gutes unternommen, in dem noch die typischen Pusztatiere (Halbblutpferde, Wollschweine) gehalten werden. Graurinder oder Zackelschafe mit ihren riesigen Hörnern sind europaweit nur noch hier anzutreffen. Bei einem Imbiss in der Csarda werden Spezialitäten der einheimischen Küche serviert, begleitet von temperamentvoller Zigeunermusik, ungarischem Wein und Obstbrand. Spätestens bei diesem Essen mit geräucherter Pfeffersalami, Paprikawurst und einer Gulaschsuppe wird klar: Das unentbehrliche Gewürz aller ungarischen Speisen ist der Paprika. Er gedeiht vor allem im Umland von Szegd und Kalocsa, der »Paprikahaupstadt«, und ist Ungarns wichtigster Exportartikel.

Der oder die
Paprika jedenfalls stammt aus Südamerika, wurde er erst durch Kolumbus nach Europa gebracht. Er irrte, als er in ihr eine zum Pfeffer verwandte Pflanze gefunden zu haben glaubte, und bezeichnete sie als pimienta. Im Englischen spricht man auch heute noch von »pepper«. Erst im 17. Jh. kamen die ersten Pflanzen nach Ungarn, und die Magyaren verliehen ihr den ungarischen Namen Paprika.

Traditionelles Ungarn – Kalocsa

In **Kalocsa** (20 000 Einwohner) herrscht Ungarnromantik wie aus dem Bilderbuch: an Dachrinnen zum Trocknen aufgehängte und zu Kränzen gebundene Papri-

Im Jahr 1996 wurde der mediterran anmutende Ort Pécs von der UNESCO mit dem Preis »Städte für Frieden« ausgezeichnet.

kaschoten, handgemalte, bunte Blumenmuster an den Hauswänden. Dazu Frauen, die hauchdünne, weiße Spitzenarbeiten und Stickereien mit bunten Blumenmustern in Handarbeit herstellen und dabei wunderschöne Volkstrachten tragen. Wer denkt da nicht gleich an Piroschka?

Die schönsten Stickereien und Volkstrachten beherbergt das 200 Jahre alte **Landschaftshaus der Volkskunst** (Népmüvészeti Tájház, Tompa Mihály út 7). Die Geschichte des ungarischen Paprikaanbaus kann man im **Gewürzpaprika-Museum** (Magyar Füszerpaprika Múzeum, Szent István király útca 6) studieren.

Kinogeschichte

Der Film »Ich denke oft an Piroschka« von 1955 brachte den Deutschen Ungarn als Land und Lilo Pulver als Jungstar ins Kino.

Die **erzbischöfliche Basilika** (1754) am Dreifaltigkeitsplatz (Szentháromság tér) besitzt zwei Türme und ist ein im italienischen Barockstil errichtetes, imposantes Bauwerk. Neben der auffallend filigranen Innenausstattung ist auch die Orgel sehens- und hörenswert. Sie wurde gern von Ungarns großem Komponisten Franz Liszt gespielt. In der Krypta befindet sich die Schatzkammer der Basilika (Főszékesegyházi Kincstár): Eines der 110 Kunstwerke ist die Kopfreliquie des hl. Stephan, des Landesgründers und ersten Königs von Ungarn und des Gründers des Erzbistums Kalocsa im Jahre 1009. Die Bibliothek des neben der Basilika liegenden Erzbischofspalastes (Erseki palota, 1776) im italienischen Barockstil ist mit ihren Deckenmalereien, Fresken und den mehr als 150 000 Buchbänden unbedingt einen Besuch wert. Unter den vielen Kodizes und Wiegendrucken – viele von ihnen von unschätzbarem Wert – ist die von Martin Luther signierte Bibel von 1519 eines der kostbarsten Stücke.

Das **Viski-Károly-Múzeum** (Szent István király út 25), nach dem Ethnografen Károly Visik benannt, bietet Ausstellungsmaterial zu Volkskunst, Ortsgeschichte, Mineralien, Münzen und Edelsteinen.

In Pécs lockt der Wein

Vom Hafenort Mohacs lohnt ein gemütlicher Ausflug nach Pécs (Fünfkirchen), wie er von den meisten Kreuzfahrern unternommen wird. In der Wein- und Porzellanmetropole Pécs wachsen dank des milden Klimas u. a. Mandeln, Feigen und Trauben. Die Vorzüge des milden Klimas wussten schon die Römer zu schätzen, als sie um den Ort herum Weinberge anlegten. Daher rührt auch der Name, den sich die Bürger von Pécs selbst geben: tüke; er bedeutet Weinstock.

An die bewegte Stadtgeschichte erinnern Stadtmauer, romanische Kathedrale und die Ruinen türkischer Bäder. Ein Spaziergang vom Hauptplatz zu der weißen Djami, der größten Moschee Mitteleuropas, führt vorbei am Dom, der eine wunderschöne Kassettendecke besitzt. Auf der Király-Straße befinden sich Cafés und Restaurants für eine kleine Erfrischung.

Zsolnay in Pécs

Die traditionsreiche Porzellanmanufaktur hat hier ihren Hauptsitz, überall in der Stadt ist der Name präsent. Magnet in der Altstadt ist der Porzellanbrunnen. Die irisierende Eosin-Glasur ist eine besondere Spezialität der Manufaktur, Döschen oder Tierfigurinen geben tolle Urlaubssouvenirs ab.

Das kämpferische Novi Sad

Aufbruchstimmung, Lebenslust und ein junges Ambiente prägen diese quirlige Universitätsstadt an der Donau, mit 300 000 Einwohnern zweitgrößte Stadt Serbiens.

Serben, Deutsche, Österreicher, Ungarn, Slowaken, Juden, Griechen und Armenier führten die multikulturelle Siedlung nach ihrer Gründung im 18. Jh. schnell zur Blüte. Nach Zahlung von 95 000 Forint verlieh Österreich, zu dessen Herrschaftsbereich die Provinz gehörte, bereits 1748 dem Ort den Status einer Freien Königlichen Stadt und den heutigen Namen.

Eine fast schon südländische Leichtigkeit spürt man in Novi Sad vor allem im Sommer. Die Durchschnittstemperatur im Juli liegt bei 26,6 Grad, und so suchen Einheimische und Touristen Erfrischung am »Strand« des Donauufers. Viele der fast 30 000 Studenten zieht es zum Lernen hierher.

Es ist schön zu beobachten, dass trotz der vielen Schicksalsschläge der Vergangenheit – Ungarneinzug 1849, Judenverfolgung durch ungarische Besatzer 1942 und nicht zuletzt der NATO-Bombenangriffe im Kosovo-Krieg 1999 (die Schäden sind auch heute noch nicht alle behoben) – die Bevölkerung ihre Lebenslust immer wiedergewonnen hat. So herrscht hier ein aufgeschlossenes Klima, und in zahlreichen Kneipen und Cafés, die Speisen und Getränke zu moderaten Preisen anbieten, wird ein angenehmer Müßiggang gepflegt.

Profane Nutzung

Die Moschee des Paschas Jakowali Hassan dient heute als Museum, die weitaus größere Djami mit grüner Kuppel (beide aus der Besatzungszeit durch die Türken) wird als katholische Kirche genutzt.

Spaziergang

Idealer Ausgangspunkt für eine Stadtbesichtigung ist der Torg slobode, der **Freiheitsplatz**. Er ist das Herz der Stadt, auf dem seit 1894 auch das Rathaus im Neurenaissancestil mit seiner mit allegorischen Figuren und dem Stadtwappen geschmückten Fassade steht. Einen Besuch wert ist die neugotische **Marienkirche** Ime maijino (Name Maria) in der Katoličke porte 3. Der besondere Schatz der Kirche sind die farbigen Fenster, hergestellt in böhmischen und ungarischen Glaswerkstätten, Holzschnitte von Meistern aus Tirol sowie Zsolnay-Keramik als Dachdeckung.

Neue Saat
Der Name der Stadt geht auf die lateinische Bezeichnung Neoplanta (neuer Weingarten) zurück, auf Serbisch Novi Sad und auf Deutsch »Neue Saatstelle«. Der Name entstammt einem lokalen Brauchtum – früher konnte kein junger Mann heiraten, ehe er nicht einen Weingarten angelegt hatte.

Weiter auf der Dunavaska Richtung Festung Peterwardein befindet sich das **Museum der Vojvodina** (Muzej Vojvodine). Hier werden die Geschichte und das kulturelle Erbe der Vojodina-Tiefebene von der Steinzeit bis Mitte des 20. Jh. durch die umfangreiche Sammlung von Ausstellungsstücken lebendig.

Das Wahrzeichen Peterwardein

Ein absolutes »Muss« der Stadtbesichtigung ist das Wahrzeichen Novi Sads, die alte **k.u.k.-Festung Peterwardein** (Petrovaradin), die auf einem Hügel oberhalb der Stadt thront. Seit dem Sommer 2005 verbindet eine Schrägseilbrücke über die Donau die Festung mit dem Stadtkern, der sich einst im Schatten der mächtigen Bastion bildete. Zwischen 1692 und 1780 errichtete der französische Architekt Sébastian le Prestre de Vauban hier das wichtigste militärische Bollwerk des Balkans für das österreichische Reich. Die Festung ging in die Geschichte ein, als Prinz Eugen von Savoyen am 5. August 1716 mit 80 000 Mann in der Schlacht von Peterwardein ein 150 000 Soldaten starkes osmanisches Heer schlug. Heute ist das »Gibraltar an der Donau« mit seinen 12 000 Schießscharten und den insgesamt 16 km langen unterirdischen Gängen ein kulturelles Zentrum der Hauptstadt und der autonomen Provinz Vojvodina. Es beherbergt 88 Künstlerateliers und das Museum der Stadt mit Exponaten, die das Leben in Novi Sad ab der ersten Hälfte des 18. Jh. dokumentieren. Das Symbol der Festung ist der Aussichtsturm. Dessen Uhr hat (absichtlich) vertauschte Zeigerfunktionen: Der große Zeiger zeigt die Stunden, der kleine die Minuten an. So konnten die Donauschiffer auch aus der Ferne erkennen, welche Stunde geschlagen hat.

6

Vojvodina
Die heutige serbische Provinz gehörte bis zum Ende des 1. Weltkriegs zu Österreich-Ungarn. Ihr buntes Völkergemisch aus Serben, Ungarn, Kroaten, Slowaken, Sinti und Roma sowie einigen Rumänen ist fast sprichwörtlich.

Wer nun noch einen Einkaufsbummel einschieben möchte, bevor es wieder an Bord geht, kann von der Petrovaradin-Festung über die Glavni-Most-Brücke am Dunavski-Park vorbei Richtung Altstadt schlendern. Um die Zmaj Jovina sowie den Bulevar Mihalja Pupina wird der Shopppingfreund sicher fündig.

Vom Handel zum Tourismus

Die Donaudampfschifffahrtsgesellschaft und die Anfänge der Donaukreuzfahrten.

Dank der Brückenregelung in Novi Sad, bei der zunächst an drei Tagen in der Woche die mautfreie Öffnung der Pontonbrücke ermöglicht wurde, konnten bereits ab Mai 2002 Passagierschiffe wieder ins Donaudelta fahren. Am 7. Oktober 2005 wurde mit der Sloboda-Brücke auch die dritte nach dem Balkankrieg (1991–1995) gebaute Brücke dem Verkehr übergeben, und die behelfsmäßige Pontonbrücke konnte entfernt werden. Dadurch wurde wieder der alte Zustand einer durchgehenden Passage ohne Verzögerungen geschaffen. Abgesehen von kleineren Ausflugsschiffen ist so die Donau auf einer Länge von 2415 km für große Schiffe befahrbar.

Seit jeher verbindet das rege Treiben auf dem Fluss Länder und Menschen. Der Faszination des breiten Stroms, gesäumt von grünen Ufern, plötzlich auftauchenden imposanten Burgen und Festungen, Meisterwerken sakraler Baukunst und weltbekannten Städten kann man sich nur schwer entziehen. Dieses zu erleben zog Besucher schon immer an. Dabei war der Anfang der Schifffahrt auf der Donau weniger durch den Tourismus geprägt als vielmehr durch Geschäftssinn und militärisch-strategische Überlegungen.

Von Raubrittern und Flussräubern

Schon im Jahr 700 v.Chr. brachen von Argos und Milet wagemutige Griechen auf, um von der Donaumündung aus den Fluss hinaufzufahren. Ihnen folgten einige Landsleute als Handelsreisende, die sich im Lauf der Zeit auch am Donauufer (z. B. Constanţa) niederließen. 600 Jahre später bauten die Römer zur Sicherung ihres Imperiums die Donau als Nordgrenze mit Kastellen, Lagern und Wachtürmen wehrhaft aus. Zu jener Zeit verkehrten auf dem Fluss vorwiegend Kriegsschiffe. Friedlicher und wieder mehr vom Handel geprägt war dann die Zeit nach dem Abzug der Römer. Doch gefährliche Stromschnellen und Strudel sowie Flussräuber und die in

den Burgen am Lauf des Flusses hausenden Raubritter waren es, die den Schiffern die Fahrt jedes Mal zu einem lebensgefährlichen Unterfangen werden ließen. Dass dennoch ein bedeutender Schiffshandelsweg entstand, belegt als eine der wichtigsten frühmittelalterlichen Quellen die Raffelstettener Zollordnung von 903/05. Ihr zufolge wurde in dieser Zeit Handel mit Salz, Sklaven, Pferden, Rindern, Lebensmitteln und Wachs auf der Donau betrieben. Im Rahmen des im 14. Jh. aufkommenden Zunftwesens konnten sich diese frühen Spediteure in den Städten entlang der Donau zusammenschließen (u. a. die »Bruderschaft der Schiffsleutzeche« in Passau).

Der Beginn des Donautourismus

Reisen mit allem Komfort war nur dem Adel und der Geistlichkeit vorbehalten und mit wenig Komfort den Auswanderern, die zu Beginn des 18. Jh. aus Schwaben nach Ungarn in eine ungewisse Zukunft zogen. Dennoch kam ab 1796 auch langsam eine frühe Form des »Donautourismus« auf. Auf einfachen Schiffen oder als Mitfahrer auf Frachtkähnen nahmen Abenteurer beengte Verhältnisse und schlechte Versorgung mit dem Lebensnotwendigen in Kauf, um in bis zu sieben Tagen von Regensburg nach Wien zu gelangen. Übernachten mussten diese Reisenden in Gasthäusern am Ufer, wo sie wenig Gastfreundschaft begegneten. Schiffer auf der Donau hatten einen schlechten Ruf, sie galten als rastlos, trinkfreudig und streitsüchtig. Daher stand ihnen die Bevölkerung an Land sehr ablehnend gegenüber. Ständig lebten die Eltern von jungen Mädchen in der Furcht, sie könnten sich in einen der vorbeifahrenden Schiffer verlieben. So ist auch der alte Spruch zu verstehen, der besagt: »Dirndl, heirat koan Schiffmann / Du heiratst in d'Not / Host im Summa koan Mann / Und im Winta koa Brot.«

Für die Rückfahrt donauaufwärts (»Bergfahrt«) wurde immer noch lieber die Postkutsche gewählt, denn gegen die Strömung anzufahren war zeitraubend und beschwerlich und häufig nur durch die Hilfe von Zuggespannen von Pferden an Land zu meistern. Diese Wege, auf denen

Im 19. Jahrhundert wurde die Donau noch per Raddampfer befahren. Die »Franz I.« war das erste Schiff der Donaudampfschifffahrtsgesellschaft (DDSG).

Gefährlich ist eine Donaureise schon lange nicht mehr. Die Schiffe heute bieten den neuesten Stand der Technik und eine angenehme und entspannte Atmosphäre an Bord.

einst Tiere die Schiffe zogen (treideln), sind heute die beliebten Radstrecken des Donau-Radweges.

Politische Gründe führten Anfang des 19. Jh. zu einem verstärkten Interesse – vor allem Österreichs – am Ausbau des Donauverkehrs. Die Auflösung des Deutschen Kaiserreichs (1806), die Bildung des Kaiserreichs Österreich und die entstandene k.u.k.-Donaumonarchie ließen mehr und mehr den östlichen Donauraum in den Blickpunkt treten.

Die »Franz I.« nimmt Fahrt auf

Die »Erste Donau-Dampfschiffahrts-Gesellschaft«, kurz DDSG, wurde am 13. März 1829 gegründet. Sie sollte mit einer noch zu entstehenden leistungsfähigen Schiffsflotte aus Dampfschiffen den gesamten Donauraum erschließen. Nachdem bereits 1830 das erste selbst gebaute Dampfschiff, die »Franz I.«, von Wien nach Budapest die Fahrt aufnehmen konnte, wuchs die Gesellschaft bis 1880 zu einem Großunternehmen mit eigenen Werften, Schiffsstationen, Versorgungsbetrieben und sogar eigenen Kohlebergwerken heran. 200 Dampfschiffe und mehr als 1000 Güterkähne waren in ihren Diensten, was die DDSG zur größten Binnenschifffahrtsreederei der Welt werden ließ, die nicht nur auf der Donau, sondern auch im Mittelmeer und in Übersee aktiv wurde. Anfang des 20. Jh. besann man sich dann auch der alten Tradition, neben Gütern und Post auch Reisende zu befördern, und so wurde die Fahrt per Schiff von Passau nach Wien und später weiter bis nach Ruse und zum Schwarzen Meer zu einer neuen Form des Fremdenverkehrs im Donauraum ausgebaut, die schnell zu den beliebtesten Ausflugsschifffahrten in Europa avancierte.

Um die Jahrhundertwende gehörten Fahrten zwischen den beiden Donaumetropolen Wien und Budapest, den kulturellen Zentren der k.u.k-Monarchie, zum gutbürgerlichen Unterhaltungsprogramm. Die ehemalige Fahrstrecke griechischer Händler, römischer Feldherren und Soldaten, des Adels und der Geistlichkeit stand nun dem Volk offen. Aber auch hier gab es Unterschiede. Während sich die vermögenderen Schichten auf einer mehrtägigen Donaukreuzfahrt an Land und Leuten erfreuen konnten, nahmen die weniger Begüterten mit einem Kurzausflug von Wien in die Wachau vorlieb oder unternahmen von anderen Orten an der Donau aus mehrstündige Fahrten. Dort wurde häufig viel getrunken, vor allem wenn als Ergänzung des Landausfluges eine Weinprobe in einem der Weinanbaugebiete eingeschlossen war.

Die Auflösung der DDSG

Das Ende des Ersten Weltkriegs rief große Veränderungen bei der DDSG hervor. Durch den Zusammenbruch der Donaumonarchie gingen viele Besitztümer im Osten verloren; nur Teile der einst bedeutenden Werft in Obuda konnten nach Österreich verlegt werden. Im Grunde begann bereits zu diesem Zeitpunkt der Abstieg des einst so bedeutenden Unternehmens. Hinzu kommt, dass die DDSG ihr Monopol auf der Donau im Personen- und Frachtverkehr verlor. Zum Ende des 19. Jh. hatten mehrere Reedereien der Donauländer Schiffe in den Dienst gestellt. Der Zweite Weltkrieg und der Balkankrieg zwischen 1991 und 1995 hinterließen weitere schwere wirtschaftliche Probleme für die DDSG, so dass zu Beginn des Jahres 1996 die Personenschifffahrt eingestellt wurde. Nur noch die Frachtschifffahrt der DDSG-Cargo GmbH (seit 1997 Gerhard Meier AG) und Passagierschiffe für Ausflugsfahrten von der DDSG-Blue Danube Schifffahrt verkehren noch.

Die Öffnung der östlichen Länder lässt es nun zu, dass die Donau wieder bis zum Schwarzen Meer befahrbar ist. Zahlreiche Reisegäste können so den Fluss wieder als Kulturbrücke und Völkerverbindung genießen. Schön, dass dies auch an Bord der heutigen modernen Flusskreuzfahrtschiffe deutlich wird, denn der Passagier wird umsorgt von freundlichem Personal, das aus Deutschland, Österreich, Ungarn, der Slowakei oder Rumänien stammt.

Der Anstieg an Kreuzfahrern ist zurzeit eine große Herausforderung, gerade für die kleineren Städte am Fluss, denn die Möglichkeiten, die sich ihnen durch diesen Tourismus bieten, sind vielfältig. Viele Flussreisende entdecken durch den Blick vom Schiff ins Land neue Ziele, die sie bei einem späteren Urlaub aufsuchen könnten. Natürlich werden auch gern mal bei einem Landausflug, trotz verführerischer Küche an Bord, lokale Spezialitäten gekostet und Geschäfte mit attraktiven Angeboten aufgesucht.

In Passau, dem klassischen Startpunkt einer Donaukreuzfahrt, steigt die Zahl der anlegenden Kreuzfahrtschiffe stetig. Um dem gerecht zu werden, wurde der Kreuzfahrt-Einstiegshafen Passau ausgebaut.

Durch das Einbeziehen des Rhein-Main-Donaukanals bieten Schiffsunternehmen sogar die Möglichkeit, in angenehmer und entspannter Atmosphäre die Schönheiten des Donauraumes in Kombination mit den Flusslandschaften Mittel- und Westeuropas kennen zu lernen. Eine ganz neue Variante ist die Kombination Donau und Schwarzes Meer. Solche Touren sind allerdings mit einem Schiffswechsel verbunden, denn Donaukreuzfahrtschiffe können nicht auf dem Meer fahren.

Im Kommen sind Themenkreuzfahrten (→ Sport und Freizeit, S. 29), wie eine Donaureise auf den Spuren Kaiserin Sisis. Und wenn im Dezember die Städte entlang der Donau im weihnachtlichen Glanz erstrahlen, sind Christkindlmarkt-Kreuzfahrten besonders populär. Auf einer Opern-Kreuzfahrt gibt es vor dem Konzert- oder Opernbesuch eine fachkundige Einführung in die Komposition. Da fällt die Wahl schwer!

Belgrad

Mit offenen Armen empfängt der Belgrader seine Gäste und stößt mit einem »Šljivovica« an.

Im Parlamentsgebäude (→ S. 94) von 1936 wurden bedeutende Entscheidungen für das Land getroffen, die Monarchie aufgegeben und die Republik im Jahr 1945 ausgerufen.

Belgrad

1 281 000 Einwohner
Stadtplan → S. 95

Der Neuaufbruch Belgrads beginnt im Herbst 2000. Nach dem Bürgerkrieg, einer tiefen sozialen und wirtschaftlichen Krise und der autoritären Herrschaft des serbischen Präsidenten Miloševič demonstrieren am 5. Oktober 2000 Hunderttausende auf den Plätzen und Straßen der Stadt. Mit Erfolg – die Wahlsiege der demokratischen Parteien wurden anerkannt. Belgrad mausert sich seitdem zu einer weltoffenen, modernen und vergleichsweise günstigen Destination für Besucher aus aller Welt. Sie bietet ein großes Kulturangebot von Film-, Theater- und Musikfestivals bis hin zu bedeutsamen Messen und hochkarätigen Sportereignissen.

Kaum eine Stadt kann sich aufgrund ihrer wechselvollen Geschichte so vieler Namen in unterschiedlichen Sprachen rühmen wie der Regierungssitz des Staatenbundes von Serbien und Montenegro. Vom keltischen und römischen Singidunum über das byzantinische Singidon hieß sie bis ins 19. Jh. auch Alba Graeca, Alba Bulgarica, Bello grado, Nandor Alba, Griechisch Weissenburg oder Castelbianco. Als Beograd, die »weiße Stadt«, tauchte die serbische Metropole im Jahr 878 in einem Brief des Papstes Johannes VIII. an den bulgarischen Fürsten Boris auf.

Zahllose Schlachten, aber auch Völkerwanderungen und vor allem die Welt- und Balkankriege des 20. Jh. haben Belgrad geprägt – die Narben der Vergangenheit sind noch heute im Stadtbild zu erkennen: So zeugen die jungen Ruinen in der Innenstadt von den NATO-Luftangriffen 1999.

Eines der ersten Worte, das Besucher in Belgrad hören werden, lautet »Dobrodošli« und bedeutet »Willkommen«. Mag diese Begrüßung in anderen Ländern oftmals zur Floskel verkommen sein, den Serben spricht sie aus dem Herzen. Die Belgrader freuen sich und sind stolz darauf, wenn Gäste ihre Heimat und ihre Stadt besuchen. Seien Sie also nicht überrascht, wenn man Ihnen offen entgegentritt und Sie vielleicht sogar zu einem Pflaumenschnaps, dem »Šljivovica«, einlädt.

Sehenswürdigkeiten

Die meisten Sehenswürdigkeiten befinden sich in einem Umkreis von 2 km um die Festung herum und sind vom Schiff aus problemlos zu Fuß zu erreichen. Zu dem imposanten Bau der Kirche des hl. Sava (Hram Svetog Save) empfiehlt sich ein Spaziergang von der Fußgängerzone (Knez Mihailova) mit ihrem großen Angebot an schicken Luxusboutiquen und originellen Straßenständen über Terazije, die Kralja-Milana-Straße sowie den Slavija-Platz.

Königsschloss (Kraljevski dvor)

→ S. 95, nördl. a 1

Das »kleine serbische Versailles«, im serbisch-byzantinischen Stil aus weißem Marmor errichtet, im vornehmen Diplomaten- und Villenviertel Dedinje erstreckt sich auf 135 ha und wurde zwischen 1924 und 1929 für die Dynastie Karadjordevič errichtet. Die gepflegte Park- und Gartenanlage diente bis 1941 als Königsresidenz, während des Zweiten Weltkriegs wurde sie von der Wehrmacht genutzt. Von 1944 bis zu seinem Tod wohnte hier der kommunistische Marschall und Präsident Josip Broz Tito, Ende des 20. Jh. dann der serbische Präsident Slobodan Miloševič.

Seit 2000 wohnt der Enkel des jugoslawischen Königs Aleksandar I Karadjordjevič mit seiner Familie im Schloss. Absolut besuchenswert sind die Kellerräume, geschmückt im russischen Stil mit Fresken und Schnitzereien. Daneben liegt der Kinosaal, in dem Tito zusammen mit seinen Gästen die in seinem Staat verpönten

Die imposante serbisch-orthodoxe Kirche St. Sava ist fast so groß wie die Hagia Sophia und sogar höher als diese.

Western oder andere verbotene westliche Filme anschaute.

Nur Sa/So im Rahmen von Gruppenführungen 1. April–31. Okt.; Infos: Turističko-informativni centar, Unterirdische Passage Terazije (palata Albanija); Tel. 0 11/63 56 22 oder 0 64/ 8 18 10 16; E-Mail: dvor@belgradtourism.org.yu

Tvrdjava-Kalemegdan-Festung

····› S. 95, a/b 2

Die Hauptsehenswürdigkeit der Stadt ist die Festung Tvrdjava auf dem Hügel oberhalb der Mündung der Save in die Donau. Beliebt für Picknicks ist der angeschlossene weitläufige Kalemegdan-Park.

Der Blick – vor allem bei Sonnenuntergang – von hier auf die Save-Mündung, auf Novi Beograd, Zemen und die Ebenen dahinter ist absolut einzigartig. Wegen der schönen Aussicht nannten schon die Türken diesen Ort einst den »Hügel zum Nachdenken«.

O-Bus 19, 21, 22, 28 Endstation, Straßenbahn 2, 11, 13, Bus 24 Endstation

Parlament, Stari dvor, Novi dvor

····› S. 95, c 5

Der einstige königliche Schlosskomplex im Herzen der Stadt umfasst heute die Gebäude des Volksparlaments (Narodna skupština), des Alten Schlosses (Stari dvor), heute Stadtparlament (Skupština grada), und des Neuen Schlosses (Novi dvor), Sitz des Präsidenten von Serbien (Predseniţvo Srbije, 1936, im Stil der Neorenaissance und des Neobarocks). Am 5. Oktober 2000 stürmten Demonstranten das Gebäude wegen des Wahlbetrugs Miloševičs und setzten Teile in Brand.

O-Bus 21, 22, 23; Straßenbahn 3, 6, 7; Bus 26

St. Sava Kirche ····› S. 95, südöstl. c 6

Die Gedenkkirche des hl. Sava ist ein neueres Symbol der Stadt. Dieser größte Sakralbau Serbiens gehört zu den zehn größten christlichen Kirchen weltweit und ist gleichzeitig die drittgrößte orthodoxe Kirche auf dem Balkan. 7

An der Stelle, wo sich heute die Kathedrale befindet, sollen die Türken der Überlieferung nach am 27. April 1594 die Gebeine des wichtigsten serbischen Heiligen Sava, erster Bischof der serbischen Kirche, als Mahnung und Warnung an das serbische Volk verbrannt haben. Sava, Schutzheiliger des Schul- und Bildungswesens, starb 1236 im bulgarischen Trnovo und wurde später im serbischen Kloster Mileševa begraben. Von dort brachten die Türken seinen Sarg nach Belgrad.

Die Kirchenanlage im serbisch-byzantinischen Stil, deren Bau 1935 begonnen wurde, stammt von Alesandar Dereko und Bogdan Nestorovič. Der Krieg und die darauf folgende kommunistische Herrschaft unterbrachen die Arbeiten, die erst 1985 wieder aufgenommen wurden. 1989 waren die Bauarbeiten mit der Errichtung der 400 t schweren Kuppel und eines 12 m hohen und 3 t schwe-

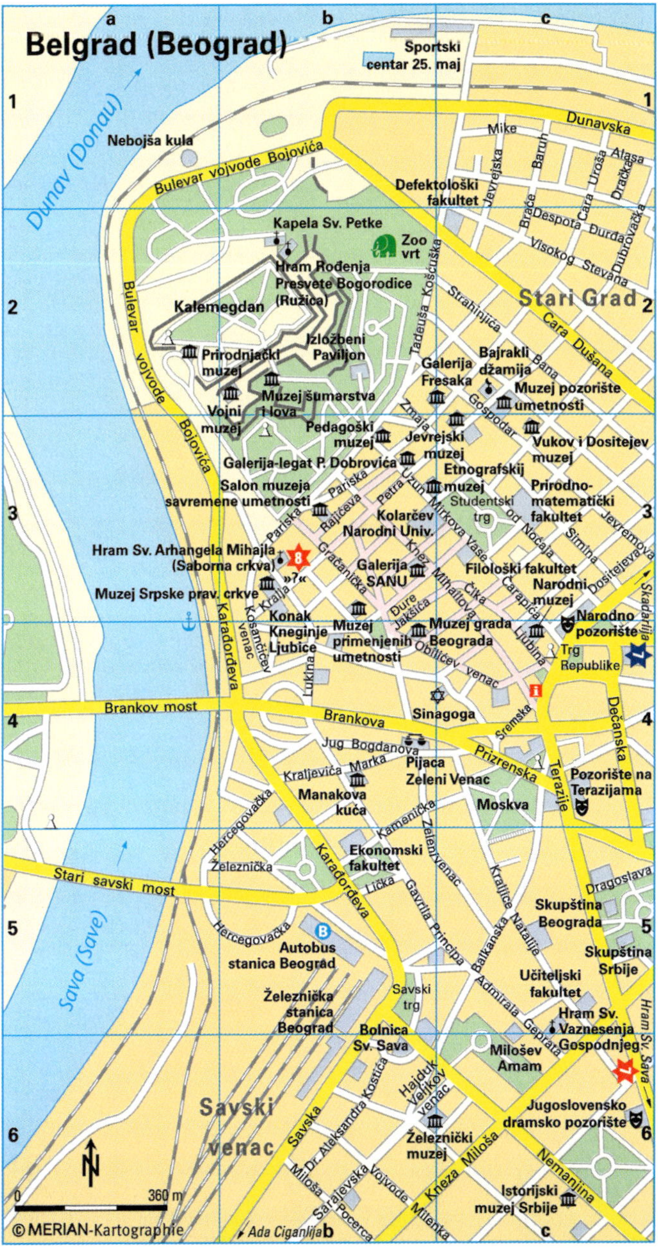
Belgrad (Beograd)
a
b
c
1
2
3
4
5
6
Sportski centar 25. maj
Dunav (Donau)
Nebojša kula
Bulevar vojvode Bojovića
Dunavska
Mike
Jevrejska
Baruh
Braće
Cara Uroša
Alasa
Dračka
Dubrovačka
Despota Đurđa
Visokog Stevana
Defektološki fakultet
Kapela Sv. Petke
Zoo vrt
Hram Rođenja Presvete Bogorodice (Ružica)
Kalemegdan
Tadeuša Košćuška
Strahinjića
Stari Grad
Cara Dušana
Izložbeni Paviljon
Prirodnjački muzej
Vojni muzej
Muzej šumarstva i lova
Galerija Fresaka
Bajrakli džamija
Bana
Muzej pozorište umetnosti
Gospodar
Pedagoški muzej
Jevrejski muzej
Zmaja
Vukov i Dositejev muzej
Galerija-legat P. Dobrovića
Etnografskij muzej
Salon muzeja savremene umetnosti
Pariska
Rajićeva
Petra
Uzun Mirkova
Studentski trg
Prirodno-matematički fakultet
Jevremova
Kolarčev Narodni Univ.
od Nočaja
Simina
Hram Sv. Arhangela Mihajla (Saborna crkva)
8
»?«
Gračanička
Knez Mihailova
Galerija SANU
Vase Čarapića
Filološki fakultet
Narodni muzej
Dositejeva
Muzej Srpske prav. crkve
Kralja
Kosančićev venac
Konak Kneginje Ljubice
Muzej primenjenih umetnosti
Đure Jakšića
Čika Ljubina
Muzej grada Beograda
Narodno pozorište
Skadarlija
Karađorđeva
Lukina
Obilićev venac
Trg Republike
7
Brankov most
Brankova
Sinagoga
Sremska
Dečanska
Jug Bogdanova
Prizrenska
Kraljevića Marka
Pijaca Zeleni Venac
Terazije
Pozorište na Terazijama
Manakova kuća
Moskva
Hercegovačka
Kamenička
Zeleni venac
Železnička
Ekonomski fakultet
Lička
Gavrila Principa
Kraljice Natalije
Dragoslava
Stari savski most
Skupština Beograda
Hercegovačka
Autobus stanica Beograd
Balkanska
Skupština Srbije
Sava (Save)
Admirala Geprata
Učiteljski fakultet
Savski trg
Železnička stanica Beograd
Hram Sv. Vaznesenja Gospodnjeg
Hram Sv. Sava
Bolnica Sv. Sava
Miloševa Amam
Hajduk Veljkov venac
Kostića
Jugoslovensko dramsko pozorište
Savski venac
Savska
Dr. Aleksandra
Železnički muzej
Kneza Miloša
Nemanjina
Miloša Pocerca
Sarajevska
Vojvode Milenka
Istorijski muzej Srbije
N
0
360 m
© MERIAN-Kartographie
Ada Ciganlija

ren vergoldeten Kreuzes an der Spitze beendet. Der Dom ist ohne Kreuz 68 m hoch. Im Innern gibt es Raum für 12 000 Menschen, der Chor bietet Platz für 800 Sänger. Die vier Glockentürme sind mit Treppen und Aufzügen ausgestattet, in den zwei westlichen befinden sich 40 Glocken.

Ein 1979 errichtetes Denkmal des serbischen Volkshelden Djordje Petrovič (Schwarzer Georg), genannt »Karadjordje«, erinnert an den Anführer der ersten Volksrevolte gegen die Türken 1804. Karadjordjes Truppen konnten Belgrad und große Teile Serbiens von den Ottomanen befreien.

Karadjordjev park bb; O-Bus 19, 21, 22, 22L, 29, Straßenbahn 2, 9, 10,12, 14, Bus 24, 30, 33, 42, 51, 59

MERIAN-Tipp

7 Künstlerviertel Skadarlija

Vergleichbar mit dem Montmartre in Paris entstand hinter dem Nationaltheater und Nationalmuseum ein lebendiges Kneipenviertel für Künstler und Jungintellektuelle. Aus den Restaurants ertönen die Klänge zahlreicher Bands, und überall riecht es nach Gegrilltem (roštilj). Klangvoll sind die Namen der bekannten Lokalitäten: Dva jelena (Zwei Hirsche), Ima dana ... (Es gibt Tage ...), Dva bela goluba (Zwei weiße Tauben) oder Šešir moj (Mein Hut). Kühles frisches Bier gibt's in dem speziell bei jungen Leuten beliebten Biergarten Aleksander, während im ältesten und berühmtesten Gasthaus, dem Tri Šešira (Drei Hüte), Gourmets und Nachtschwärmern serbische Spezialitäten, unterlegt mit Livemusik, serviert werden.

Bus 27, 32, 35, 36, 43, 96 (zum oberen Ende der Gasse), Straßenbahn 2, 5, 10 (zum unteren Ende)

→ S. 95, östl. c 3

Restaurants

In der Innenstadt gibt es fünf Viertel, in denen zahlreiche Cafés, Bars, Restaurants und Szenelokale zu finden sind: Strahinjiča Bana ulica (Silicon Valley), die Seitengassen um die Knez Mihailova (Fußgängerzone), Obiličev venac, Njegoševa ulica und Skadarlija. Die unzähligen Hausboote sind eine Besonderheit, die man sich nicht entgehen lassen sollte. Es gibt einfache Cafés, Szenelokale, hervorragende Restaurants, Fischerkneipen und Diskotheken. Im Sommer weht ein kühler Wind vom Fluss, für Hitze sorgen dann scharfe Fischsuppe, üppige Grillportionen, begleitet von serbischer Volksmusik.

Kod Radeta (Bei Rade)

→ S. 95, östl. c 6

Der bekannte Gastronom Rade (er spricht auch Deutsch) gibt dem Lokal seine persönliche Note und bietet Spezialitäten aus der nordserbischen Provinz Vojvodina in einem Ambiente an, das einer gutbürgerlichen, im Biedermeierstil eingerichteten Wohnstube des 19. Jh. entspricht. Empfehlenswert: Wild, frische Adriafische und hausgemachte Schnäpse. Reservierung empfohlen.

Baja Sekuliča 29a; Tel. 011/3 80 67 15; tgl. 12–2 Uhr ●●●● MASTER VISA

»?« (Znak pitanja – Fragezeichen)

→ S. 95, b 3

Ein Namensstreit mit der benachbarten orthodoxen Kirche ließ im ältesten Gasthaus Belgrads (1823) den Wirt die Tafel mit dem Fragezeichen aufstellen. Hier treffen sich Professoren und Studenten bei hervorragenden Grillspeisen. 8

Kraljs Petra 6; Tel. 0 11/63 54 21; Straßenbahn 2, 11, 13; tgl. 7–23 Uhr ●●●

Kalemegdanska terasa

→ S. S. 95, östl. c 6

Das Restaurant befindet sich mitten in der Festungsanlage Kalemegdan.

Schöne Terrasse mit Blick auf Donau und Save. Reservierung empfohlen.
Kalemegdanska tvrdjava bb; Tel. 011/3 28 30 11; www.kalemegdanska-terasa.co.yu; O-Bus 19, 21, 28; Straßenbahn 2; Bus 24; tgl. 12–1 Uhr
●●● MASTER VISA

CAFÉS

Café Greenet → S. 95, c 4
Zahlreiche Kaffeesorten aus der ganzen Welt, auf verschiedenste Arten zubereitet.
Nušičeva 4, Tel. 011/2 32 84 74; O-Bus 19, 21, 22 , 29; Bus 31; tgl. 8–24 Uhr

Kod spomenika (Beim Denkmal) → S. 95, c 4
Populärer Treffpunkt neben dem Reiterdenkmal des Fürsten Mihailo. Blick auf das Nationaltheater und Nationalmuseum.
Trg Republike 3; Tel. 0 11/2 62 19 40; O-Bus 19, 21, 22, 28, 29, Bus 24, 27, 32, 43; tgl. 8–24 Uhr

Ruski car (Russischer Zar) → S. 95, c 4
Eines der ältesten Kaffeehäuser der Stadt in der Fußgängerzone. Kuchen, Eis und Sandwiches.
Obiličev venac 29; Tel. 0 11/63 39 92; O-Bus: 19, 21, 22, 29, Bus: 24, 27, 32, 43; tgl. 8–1 Uhr

EINKAUFEN

City Passage → S. 95, c 4
In der City befindliches Einkaufszentrum, das Designermode, Schuhe, Kosmetik, Elektronik und mehrere populäre Cafés bietet.
Obiličev venac 18-20; O-Bus: 19, 21, 22L, Bus: 24, 27; Mo–Fr 9–20, Sa 10–16 Uhr

Galerija Singidunum → S. 95, c 3
Die Galerie zeigt die Werke moderner serbischer Künstler: Gemälde, Grafiken, Plastiken, Keramikgegenstände und Schmuck.
Knez Mihailova 42; Tel. 0 11/18 53 23; O-Bus 19, 21, 22L, Bus 24, 26, 27, 32E, 36, 43; Mo–Fr 9–20, Sa 9–16 Uhr

Alles unter einem Dach: In der City Passage sind Produkte teilweise günstiger zu erstehen als im westlichen Europa.

Mubb → S. 95, b 3
Führender serbischer Damen- und Herrenschuhhersteller.
– Knez Mihailova 33; Tel. 0 11/ 3 28 49 22; tgl. 9–20 Uhr
– Balkanska 20; Tel. 0 11/68 86 83; O-Bus 19, 22L; Mo–Sa 9–20 Uhr

Narodna Radinost → S. 95, b 4
Originelle, typisch serbische Volkskunst. Kupfer und andere Metallgegenstände, z. B. Kaffeemühlen oder die džezva – ein traditionelles Kupfergefäß zum Kaffeekochen –, Strickwaren, Gürtel, Mützen und andere handwerklich gefertigte Gegenstände.
Zeleni venac; Tel. 0 11/63 14 23; Bus 15, 52, 53, 56; Mo–Sa 8–20 Uhr

SERVICE → S. 95, c 4

Tourismus-Organisation Belgrad, Dečanska 1, Belgrad, Tel. 0 11/ 3 24 84 04, Fax 3 24 87 70; www.beograd.org.yu (auch auf Deutsch)

9 Durch das Eiserne Tor in die Walachei

Eng wird es auch an Deck, denn jeder will die Passage durch den einst gefährlichsten Abschnitt erleben.

Von Serbien nach Rumänien geht es durch einen der eindrucksvollsten Taldurchbrüche Europas: das Eiserne Tor.

Morava-Schule
Die nach dem Donauzufluss benannte stilbildende Richtung in der byzantinischen Kunst erreichte in Architektur, Freskenmalerei und Literatur in der ersten Hälfte des 15. Jh. ihre größte Blüte.

Bevor das Eiserne Tor, einer der Höhepunkte des unteren Verlaufs der Donau, durchfahren wird, passiert das Schiff hinter Belgrad zunächst noch Smederevo mit der malerischen Ruine sowie die Mündung der von Süden kommenden Morava, Serbiens wichtigstem Fluss. Außerdem müssen noch einige bürokratische Hürden in Form von Grenzformalitäten und Zollabwicklung in Velik Gradište erledigt werden. Aber dann kann sich die Natur in ihrer ganzen Schönheit entfalten.

Für viele ist der Tag, an dem das Schiff das Eiserne Tor erreicht, ein Bordtag. Langweile wird aber aufgrund der eindrucksvollen Landschaft nicht entstehen. Zwischen Moldava Veche und Drobeta-Turnu Severin wird es enger und enger, bis am Eisernen Tor der Durchbruch der Donau durch die Karpaten und die Ausläufer des Balkangebirges passiert werden. Diese über 100 km lange, wilde Schlucht mit ihren Klippen, Felsen, Stromschnellen und Untiefen bereitete den Seefahrern einst Angst und Schrecken. Heute können Sie sich entspannt vom Sonnendeck aus von steilen Felswänden, bewaldeten Bergen und einsamen Festungen, die langsam an Ihnen vorüberziehen, verzaubern lassen. Die Berge in Ufernähe reichen zum Teil bis auf 1200 m empor. Das Gebirge, durch das sich der Fluss seinen Weg bahnt, sind die Südkarpaten (oder Transsilvanische Alpen). Es trennt Siebenbürgen (nördlich) von der Walachei (südlich) und grenzt im Südwesten an das Banater Gebirge, das als Ausläufer der Karpaten bis nach Serbien reicht. In die Literatur fanden die Transsilvanischen Alpen Eingang durch Bram Stokers Vampirroman »Dracula«.

Durchfahrt durch das Eiserne Tor

Bis 1972 war das Eiserne Tor (serb.: Đerdap) nur mit ortskundigen Lotsenschiffen passierbar. Der vom ehemaligen Jugoslawien gemeinsam mit Rumänien betriebene Bau eines Elektrizitätswerkes konnte es entschärfen: Die errichtete Mauer ließ einen 150 km langen Stausee entstehen. Der Wasserspiegel wurde um 35 m gehoben, was wesentliche Erleichterungen für die Schiffsdurchfahrt bedeutete. Trotz des technischen Eingriffes zählt das Eiserne Tor immer noch zu den großartigsten Abschnitten des Donautals. Dennoch darf nicht vergessen werden, dass dabei 17 Ortschaften verloren gingen und 25 000 Menschen umgesiedelt werden mussten.

Am Eingang dieser bemerkenswerten Passage liegen die Reste der einst strategisch wichtigen und von Sagen umwobenen **Festung Golubac**. Von hier aus konnte der Durchbruch der Donau und die Kataraktenstrecke zwischen Karpaten und Balkan verteidigt werden.

Unweit folgt **Lepenski Vir**. Serbische Archäologen haben 2005 in einer Höhle oberhalb der Donau die Reste dieser Siedlung aus dem Mesolithikum (10 000 v.Chr.–6000 v. Chr.) entdeckt. Der Fundort befindet sich unweit einer ebenfalls aus der Mittelsteinzeit stammenden Siedlung mit Grabstätten und kunstvollen Skulpturen.

An der schönsten Stelle, dem so genannten »Kazan« (Kessel) in der Nähe der Hafenstadt Orşova (15 000 Einwohner), wird die Anstauung der Donau auf 150 m Breite und 80 m Tiefe reduziert. Ein Stück weiter donauabwärts erreicht das Schiff die malerische Umgebung des bereits bei den Römern beliebten Mündungsbereichs des **Cernatals** – wegen der hier entspringenden radioaktiven Quellen. Deren Vorzüge schätzte auch die elegante Gesellschaft in den Jahren der Habsburger Monarchie. Für sie war der Kurort Băile Herculane (Herculesbad) ein Nobelheilbad. Rumänien knüpft gegenwärtig an diese alte Tradition an, indem Hotels und Kurhallen renoviert und modernisiert werden und sich somit langsam wieder ein neuer Kurbetrieb einstellen kann.

Donaugötter?

Der Strom war in allen Zeiten für die Menschen an seinen Ufern Heils- und Unglücksbringer zugleich, möglich also, dass bereits mesolithische Bauern ihre Flussgottheiten in Lepinski Vir in Stein verewigten.

Römische Zeugnisse

Wo im 19. Jh. Kaiser Franz Joseph I. und seine Sisi kurten, sind auch noch zahlreiche antike Funde überliefert, darunter Statuen, Münzen und natürlich die Thermen selbst.

Ein Gipsabguss der berühmten Trajanssäule in Rom (113 n. Chr.) zeigt eine Schiffsbrücke über die Donau nahe Turnu Severin.

Ein bekannter römischer Fund ist die in den Fels des Eisernen Tors geschlagene **Tabula Traiana**. Dabei handelt es sich um eine Tafel, die der römische Kaiser Trajan 964 anlässlich des Straßenbaus in der unteren Schlucht der Donau anbringen ließ. Bei den Bauarbeiten für das Kraftwerk wurde sie 35 m nach oben versetzt, um sie vor den aufsteigenden Fluten zu retten. Heute ist sie nur noch vom Wasser aus sichtbar; die Inschrift lautet auf Deutsch: »Der Sohn des göttlichen Nervus und regierende Kaiser, Trajanus Augustus Germanicus, Pontifex Maximus, zum vierten Male Tribun, Vater des Vaterlandes und Konsul, hat Gebirge und Strom überwunden und diese Straße erbaut.«

Meisterleistung
Die Trajansbrücke im Đerdap-Gebiet diente dem Kaiser zur Eroberung Dakiens. Sein Nachfolger Hadrian ließ das über 1000 m lange Holzbauwerk abbrechen, um seinerseits Einfälle ins Römische Reich zu verhindern.

Für eine Unterbrechung der Fahrt sorgt die riesige Kraftwerksanlage **Đerdap I** mit je sechs Aggregaten auf rumänischer und serbischer Seite (pro Jahr 11 Mrd. kWh). Mithilfe einer Doppelkammerschleuse (Länge 310 m, Breite 34 m) wird das Schiff um 16 m abgesenkt. Nach der Schleusendurchfahrt wird die Landschaft nicht mehr von spektakulären Schluchten und Bergen geprägt: Die Ufer sind breiter, und die Ebene beherrscht das Bild.

Drobeta-Turnu Severin

Der römische Kaiser Trajan wählte **Drobeta-Turnu Severin** (heute 110 000 Einwohner), um im Krieg gegen die hier lebenden Daker einen Übergang über die Donau zu schaffen. In den Jahren 102 bis 105 wurde so an der 1000 m breiten Stelle der Donau bei Drobeta eine weitere strategisch wichtige Verlängerung der Römerstraße geschaffen.

Sollten Sie die Zeit, wenn das Schiff in Drobeta-Turnu Severin anlegt, für einen kurzen Landgang nutzen wollen, genügt es, wenn Sie sich in der Nähe der Anlegestelle aufhalten. Gleich hinter den Gleisen links befindet sich ein **Rosenpark** mit Standbildern für Trajan und seinen Gegner Decebal, den Anführer der Daker. Durch diesen Garten bekam die ansonsten eher schmucklose Stadt den Beinamen »Rosenstadt«.

Vom Anleger nach rechts sind Ruinen der **Festung Severinburg** (13.–15. Jh.) zu sehen. Während des Angriffs der Türken 1524, die Drobeta eroberten und sich für 350 Jahre niederließen, wurde sie zerstört. Weiter am Donauufer entlang sind die wenigen Reste der **Trajanbrücke** beachtenswert. Kaiser Hadrian, Nachfolger Trajans, ließ sie abtragen, um Angriffe gegen das Römische Reich zu erschweren.

Dakisch-römische Wurzeln
Die rumänische Sprache kennt zwar slawische Einflüsse, ist aber im Kern vorrömisch bzw. ostromanisch. Im 19. Jh. wurden zahlreiche Begriffe aus dem Lateinischen und Französischen entlehnt, die kyrillische durch lateinische Schreibung ersetzt.

Die bulgarische Grenze

Mit der **Schleuse von Đerdap II** wird die Fahrt abermals unterbrochen. Nur in einer Kammer werden die Schiffe dieses Mal auf das jeweilige Niveau des Flusses gesenkt oder gehoben. Wenig später beim in die Donau einmündenden Flüsschen Timok liegt die Grenze zwischen Serbien und Bulgarien. Für 400 km fahren Sie nun auf der Grenze zwischen dem im Norden liegenden Rumänien und dem im Süden liegenden Bulgarien oder, wenn Sie es kleinräumiger sehen wollen, der **Walachei** im Norden und den Ausläufern des Balkangebirges im Süden. Umgangssprachlich wird der Begriff Walachei, rumänisch »Tara Româneasca«, abschätzig für Einöde verwendet. Früher mag das auch gegolten haben, als sie eine weite abweisende Steppe war. Seit im 20. Jh. aber ausgedehnte Bewässerungskanäle angelegt wurden, hat sich die Walachei in einen fruchtbaren Agrarraum verwandelt, der von den Bewohnern, den Walachen, intensiv bewirtschaftet wird.

Walachen
Der Begriff Walachen ist historisch eine Fremdbezeichnung für Volksgruppen, die sich selbst als Român oder Armâni, also Rumänen, bezeichnen.

In diesem unteren Verlauf der Donau verändert sich auch der Charakter des Flusses. Als hätte sie ihre ganze Kraft im oberen und mittleren Teil aufgebraucht, fließt sie gemächlich, fast schon träge, mit nur wenig Gefälle ihrem Ziel, dem Schwarzen Meer, entgegen. Das Schiff muss immer wieder Sandbänke und kleinere Inseln umfahren. Auch das Bild der Uferlandschaften wird einsamer, da die bislang dichte Besiedlung im unteren Abschnitt der Donau kaum noch vorhanden ist. Selbst der Schiffsverkehr ist nicht mehr so intensiv. Die Ruhe des Flusses, das sanfte Plätschern der Wellen an den Rumpf des Schiffes und das ebenfalls ruhiger erscheinende Motorengeräusch wirken sich immer mehr auf die Stimmung an Bord aus. Dieser Abschnitt der Fahrt bietet sich an, um die Entspannung in den Vordergrund zu stellen.

Ruse und ein Ausflug nach Bukarest

Eine beschauliche Altstadt setzt Kontraste zur gigantischen Architektur der letzten Diktatur.

Im 19. Jahrhundert nach den Plänen des Architekten Albert Galleron gebaut, beherbergt das rumänische Athenäum in Bukarest (→ S. 105) heute die Staatsphilharmonie.

Die Fahrt entlang der rumänisch-bulgarischen Grenze kann sehr gut durch ein paar Ausflüge ins Hinterland unterbrochen werden. Das machen sich auch die meisten Kreuzfahrtveranstalter zu Nutze, indem sie ihren Gästen Fahrten in die rumänische Hauptstadt Bukarest, die ehemalige bulgarische Hauptstadt Veliko Tărnovo und Exkursionen zu einigen kunsthistorischen Schätzen wie der Felsenkirche Ivanovo mit ihren gut erhaltenen Wandmalereien oder der Felsenkirche Bassarbovo anbieten.

Ruse

200 000 Einwohner

Das bulgarische Ruse wurde von den Römern als wichtiger Hafenort genutzt, was sich auch in ihrem Namen für die Stadt Sexginta Prista (Stadt der 60 Schiffe) ausdrückte. So war es schon früh ein »Tor nach Europa«, wie es der berühmteste Sohn der Stadt Elias Canetti (1905–1994), Nobelpreisträger für Literatur, viel später einmal ausdrücken sollte. Es macht Spaß, hier durch die Straßen zu gehen, deren einst kosmopolitisches Flair und Reichtum man noch an zahlreichen Bürgerhäusern mit ihren kunstvollen Fassaden ablesen kann. Auch hier hat die lange Zeit des Sozialismus ihre Spuren hinterlassen, und so sind noch große Anstrengungen vonnöten, um die alte Pracht gänzlich wieder herzustellen. Aber wie in so vielen osteuropäischen Städten ist der Aufbruch auch hier spürbar.

Spaziergang

Vom Anleger der Schiffe ist es ein Leichtes, schnell in das Zentrum der Stadt zu gelangen. Wichtigster Orientierungspunkt, auch für den Rückweg, ist das Hochhaus des Hotels Riga. Gehen Sie zunächst in die ul. Car Ferdinand, wo Sie dem Museum des städtischen Lebens einen Besuch abstatten können. Informiert über die Lebensumstände großbürgerlicher Schichten der Jahrhundertwende, können Sie dann einen Bummel durch die Innenstadt unternehmen. Fast sternenförmig laufen alle Straßen am ploštad Svoboda zusammen, dem zentralen Platz der Stadt mit dem **Freiheitsdenkmal** (1909) in der Mitte. Wer in ein Café einkehren möchte, findet hier zahlreiche Möglichkeiten. Die Auslagen der Geschäfte in den Nebenstraßen und der Fußgängerzone in der ul. Aleksandrovska laden zum Shoppen ein, hier wird man manch originelles Mitbringsel finden. Mit einer kleinen Erweiterung geht der pl. Svoboda bei der **Kirche Sveta Troica** (1764) in den gleichnamigen Platz über. Hier lohnt es, die Stufen hinab in den Innenraum zu gehen, um die Ikonen zu besichtigen. Gegenüber befindet sich das international beachtete **Opernhaus**. Von hier ein wenig nach Osten versetzt steht das **Pantheon der Helden der Nationalen Wiedergeburt**. Genauso pathetisch wie sein Name ist auch der Bau, der 1978 zur Hundertjahrfeier der bulgarischen Unabhängigkeit fertig gestellt wurde: ein hel-

MERIAN-Tipp

8 Ruse Kunst Galerie

Eine seit 1953 auch über die Grenzen Bulgariens hinweg geschätzte kulturelle Einrichtung ist die Kunst Galerie in der Altstadt von Ruse. Neben internationalen Wechselausstellungen werden vor allem heimische Künstler ausgestellt. Malerei, Skulpturen und Grafiken vom ausgehenden 19. Jh. bis zur Gegenwart geben einen guten Überblick über das künstlerische Schaffen im Land und in der Stadt.

39 Borisova Str., Ruse; Tel. 0 03 59/82/8 217 35, Fax 82 17 36; E-Mail: artgallery@acvilon.com; Di–So 9–13 und 14–18; Eintritt BGN 0,50

Im Nationalen Kunstmuseum in Bukarest befindet sich zwischen vielen anderen wertvollen Exponaten auch einzigartiger Kopfschmuck.

ler Kubus, gekrönt von einer goldenen Kuppel, in dessen Innerem 450 Soldaten beigesetzt sind. Sie fielen im Befreiungskrieg gegen die Türken; ihren wird mit der Flamme des ewigen Lichts gedacht.

Ausflüge in die Umgebung

Von einigen Veranstaltern angebotene Exkursionen von Ruse führen über Veliko Tărnovo (ca. 1,5 Stunden Fahrzeit) weiter nach Arbanasi. Die ruhmreiche Zarenstadt **Veliko Tărnovo** erhebt sich auf mehreren Hügeln, umrahmt von den tief eingeschnittenen Mäandern des Flusses Jantra. Sehr schön gelegen, gilt sie als Stadt der Künstler und Kunsthandwerker. Zeit sollte man für die Besichtigung der Überreste des **Zarenpalastes** und der Patriarchenkathedrale (13. Jh.) einplanen und für einen Bummel durch die malerische Altstadt.

Das Museumsdorf Arbanasi liegt nur 4 km entfernt von Veliko Tărnovo. Die Häuser, während der türkischen Herrschaft erbaut, haben einen ganz eigenen Stil: Mit Eisennägeln beschlagene Holztore in 2 bis 2,5 m hohen Mauern öffnen sich zu geräumigen Innenhöfen. Große, luftige Innenräume mit geschnitzten Holzdecken und reich dekorierten Wänden bilden den Gegensatz zu dem eher abweisenden Äußeren. Es wird vermutet, dass die ehemaligen Besitzer durch die wehrhafte Fassade ihren Reichtum schützen wollten. Einen guten Einblick in die Wohnkultur der kaufmännischen Oberschicht bietet ein Besuch im Konstanciliev und im Hadschi-Lijas-Haus.

Eine etwas längere Busfahrt führt durch Bulgarien flussaufwärts in Richtung **Lom**, der zweitgrößten Stadt des Landes. Dort, wo der gleichnamige Fluss, ein Nebenarm der Donau, im Laufe von Millionen von Jahren sich breit und tief in den weichen Kalkstein grub, suchten Menschen schon in prähistorischer Zeit Zuflucht in den natürlichen Höhlen seines Steilufers. Eine Kolonie von Einsiedlern lebte hier vom 3. bis zum 17. Jh. und baute beidseits des Flusses mehrere Kirchen, Mönchszellen und Kapellen. Die Höhlen in den Karstfelsen dienten ihnen dabei als Baugrund (UNESCO-Weltkulturerbe). Auf den Mauern der Innenräume befinden sich sehr kunstvolle Bilder mit biblischen Themen.

Bukarest

Entweder von Ruse oder von Oltenița durch die Felder des Bargan werden Ausflüge in das ca. 60 km von der Donau entfernte Bukarest (2,3 Mio. Einwohner) angeboten.

Trotz des Erdbebens von 1977 und Ceausescus eigenwilliger Stadtplanung hat die Innenstadt noch ein wenig vom Reiz der Jahrhundertwende bewahrt. Die wichtigsten Sehenswürdigkeiten erreicht man problemlos zu Fuß. Sie liegen an oder nahe der Calea Victoriei, früher »Straße des Sieges des Kommunismus« genannt oder »Kitschboulevard«, wie ihn die Einheimischen tauften, und am parallel dazu verlaufenden Bulevardul Magheru.

Ein Spaziergang durch die Stadt entwickelt sich schnell zu einer Geschichtsstunde der Entwicklung Bukarests. Es gibt ausreichend Parks und Caféterrassen im Freien, um sich während eines Stadtrundganges auszuruhen. Nicht zu übersehen ist am Ende der Prachtstraße Bulevardul Unirii das **Haus des Volkes** (Casă Poporului). Der letzte rumänische Diktator ließ ein Fünftel der Altstadt abreißen, um diese überdimensionale Palastanlage zu bauen; 40 000 Einwohner mussten umgesiedelt werden. Wie ein Mahnmal seines Regimes, ein Ausbund stalinistischen Stils, ragt es 84 m in die Höhe. Das monströse Gebäude, heute als **Parlamentspalast** bekannt, ist eines der größten der Welt und zählt fast 6 000 Räume. Im Innern befinden sich Marmorböden, Lüster, Atombunker, Geheimgänge usw. Der Bau blieb nach 1989 unvollendet. Zurzeit tagt hier das Parlament; außerdem dient er als Kongresszentrum.

Spaziergang

Ihre Stadtbesichtigung beginnen Sie am besten in Alt-Bukarest an der Piata Unirii (Vereinigungsplatz), unter der die Dâmbovita fließt. Hier finden Sie einige Einkaufszentren und kleinere Boutiquen. Der Platz befindet sich etwa auf halber Höhe des Bulevardul Unirii, einer sehr langen Prachtstraße. Ein paar Schritte entfernt stehen die Ruinen des **Woiwodenpalastes Curtea Veche** (Alter Hof), die einzigen Überreste der mittelalterlichen Stadt. Der einstige Wohnsitz der Walachenfürsten wurde unter Vlad Tepes im 15. Jh. errichtet, unter Constantin Brâncoveanu um 1700 vergrößert und nach Bränden und Erdbeben im 18. Jh. aufgegeben. Die schönste Kirche der Stadt, die **Stavropoleos-Kirche**, liegt nördlich der Piata Unirii. Ein griechischer Mönch ließ sie 1724 erbauen. Arabesken und Arkaden betonen den orientalischen Einfluss. Die Kirchen sind nur während der Messen zugänglich.

Wenige Meter westlich, vom Ufer der Dâmbovita ausgehend, verläuft der lange Boulevard der Calea Victoriei, vorbei am ehemaligen Postpalais mit dem **Nationalen Geschichtsmuseum** und der **Nationalbibliothek** im Barockstil. Links zuerst die **Cretulescu-Kirche** aus rotem Backstein mit zwei Kuppeln. Gleich dahinter steht an der Piata Revolutiei der imposante ehemalige Königspalast, der heute das **Nationale Kunstmuseum** beherbergt. Das Gebäude, während der Revolution 1989 stark beschädigt, umfasst u.a. rumänische Malerei und Plastik, Gobelins, Ikonen, orientalische und mittelalterliche Kunst. Gegenüber die nach einem Brand 1989 restaurierte **Universitätsbibliothek** mit Säulenfassade. Folgen Sie der Calea Victoriei weiter, sehen Sie rechts das von einer großen Kuppel überragte Rumänische **Athenäum** (Ateneul Român), Konzerthaus für das nach dem berühmten rumänischen Violinisten und Komponisten George Enescu benannte Philharmonieorchester. An der Piata Victoriei mündet die Calea Victoriei in die prächtige Soseaua Kisseleff, die zu dem 1935 zu Ehren der rumänischen Armee des Ersten Weltkrieges errichteten Triumphbogen führt.

Donaudelta und Schwarzes Meer

Ziel und Wendepunkt der Reise – Mit vielen Armen greift die Donau in das Schwarze Meer.

In die wilde Natur des Donaudeltas – wo der Fluss ins Schwarze Meer fließt – werden geführte Bootstouren angeboten.

In Tulcea, ca. 70 km vor der Mündung der Donau in das Schwarze Meer, wird das Donaudelta (5640 qm) erreicht. An diesem Seehafen machten schon Phönizier, Römer, Genuesen und Türken ihre Schiffe fest. Ab Tulcea bietet sich die unbedingt empfehlenswerte Möglichkeit, weiter donauaufwärts mit einheimischen Führern und Fischern auf eine **Bootsfahrt** in offenen Ausflugsbooten durch die verschiedenen Mündungsarme der Donau zu fahren. Hierbei lernt der Schiffsreisende die in Europa einzigartige und unberührte Weite mit ihrer reichen Flora und Fauna (300 verschiedene Vogelarten) kennen. Bei Sulina wird dann das Schwarze Meer erreicht; die Donau hat bis hierhin 2858 km zurückgelegt. Große Mengen an Geröll und Tonnen feinster Schlamm aus den Bergen der Alpen und Karpaten führt die Donau nun mit sich. Während sich die schwersten Brocken bereits nach wenigen Metern am Grund des Flusses ablagern, wird das gesamte Feinmaterial bis

10

In allen Häfen

Der Pelikan ist auf allen Kontinenten verbreitet, in der christlichen Ikonographie symbolisiert er häufig Jesus Christus. Dieser Bezug geht auf die Legende zurück, dass Pelikane ihre Brut vom eigenen Blut nähren.

ins Delta transportiert. Spätestens seit Ende der letzten Eiszeit vor 10 000 Jahren wuchs so ein Schwemmlandfächer heran, der auch heute noch immer weiter in das Schwarze Meer hineinwächst. Durchzogen wird diese sich ständig verändernde Landschaft von einem Labyrinth aus Wasserläufen, die nie für lange Zeit ihre Richtung bewahren. Neue Sedimente bilden Inseln und schaffen kurzzeitig neues Land. Westlich von Tulcea teilt sich die Donau in zwei Arme: den Chilia-Arm im Norden und den Tulcea-Arm im Süden. Dieser fächert sich dann weiter auf in den Sulina-Arm und den Sfântu Gheorghe-Arm. Nur diese großen Mündungsarme der Donau bleiben fast unverändert. Kanalisiert und begradigt sind sie der Natur entrissen worden.

Baden am Schwarzen Meer
Die Bulgarische Schwarzmeerküste im Süden ist schon weitaus mehr auf Touristen eingestellt als der Abschnitt in Rumänien. Trotzdem gibt es auch in Constanţa einen schönen Yachthafen, die Region befindet sich stark im Aufschwung.

Wichtig: Für einen ungestörten Aufenthalt in der Region des Donaudeltas sollte unbedingt ein Mückenschutzmittel im Reisegepäck mitgeführt werden. Bei nur 13 % Landoberfläche und 87 % Schwemmland mit Schilf und Sümpfen sind Stechmücken häufig anzutreffen. Hinzu kommt, dass die Durchschnittstemperaturen von 11 °C im Winter und 21 °C im Sommer den Mücken das Laichen erleichtern. Nur im Winter, wenn von Ost/Nordost ein kalter Wind bläst, kann es im Delta kalt werden; in manchen Jahren friert da selbst die Donau zu.

Tulcea und das Donaudelta

Tulcea (100 000 Einwohner) wird als das »Tor zum Donaudelta« bezeichnet. Hier muss der Reisende aufs Boot umsteigen, um weiter in das Delta vordringen zu können. Schließlich gibt es, außer nach Murihgiol keine Straßen, die das Delta erschließen. Gerne kommen auch die Fischer aus den abgelegenen Regionen des Deltas hierher, um Touristen ihre Heimat zu zeigen. Gleichzeitig ist es eine willkommene Nebenbeschäftigung, denn es gibt sonst nur wenig Arbeitsmöglichkeiten und der Lohn als Fischer ist karg. Manche von ihnen ermöglichen auch Angelfahrten. Für eine Verlängerung des Aufenthaltes im Delta bietet sich das am See Somova 20 km von Tulcea gelegene, exklusive Delta Nature Resort (www.deltaresort.com) an. Im Stil einer Safari-Lodge gehalten, ist sein Aussichtsdeck für Tierbeobachtungen ideal. Geführt von fachkundigen Guides werden naturkundliche Exkursionen ins Delta unternommen.

Kanalbau
Umweltorganisationen setzen sich seit Jahren dafür ein, dass der von der EU gewünschte Ausbau und die Kanalisierung im Donaudelta, die vor allem in der Ukraine voranschreitet, zur Schiffbarmachung gestoppt werden.

Wirklich attraktiv ist Tulcea nicht, auch wenn die terrassierte Lage und der Blick von der Anhöhe mit den Resten der **Burg Aegyssus** auf die Donau beeindrucken. Dennoch sollte man schon von Bord gehen, auch wenn kein Bootsausflug unternommen wird, um das Informationszentrum zum Donaudelta zu besuchen, das nur wenige Meter vom Schiffsanleger entfernt in der Straße Portului (Nahe beim Bahnhof) liegt.

Der nördliche Arm des Donaudeltas, der Chilia-Arm

Er stellt den mit 104 km längsten und wasserreichsten der Donauarme dar und ist die natürliche Grenze zu Moldawien und der Ukraine. Archäologische Funde belegen, dass an ihm in **Chilia Veche** (heute 3000 Einwohner) die ersten Menschen im Donaudelta ansässig wurden. Im 6. Jh. v. Chr. kamen die Griechen und im Mittelalter Händler aus Genua, die sich hier nieder ließen.

Das Schwarze Meer
Anrainerstaaten sind die Türkei, Bulgarien, Rumänien, die Ukraine und Georgien.

Der mittlere Arm des Donaudeltas, der Sulina-Kanal

Mit 64 km Länge der kleinste der Donauarme, aber dennoch der Hauptarm, da er zum Kanal ausgebaut wurde und für die Einfahrt von Frachtschiffen aus dem Schwarzen Meer gedacht ist. Für die Bevölkerung des Deltas war dieser Bau ein kleiner Kulturschock. Denn bis zu diesem Zeitpunkt konnten sie in der Abgeschiedenheit des Deltas ungestört ihre Traditionen pflegen und brauchten sie nicht dem modernen Zeitgeist zu opfern. So findet man noch heute, gerade bei den Nachkommen der im 17. Jh. zugewanderten Russen, fast konservierte religiös-orthodoxe Lebensformen vor.

Am Fischereizentrum **Mila 23** (Meile 23) und Crisan mit einer biologischen Station des Donaudelta-Instituts vorbei, mündet der Kanal am Hafen der Stadt Sulina (5000 Einwohner) ins Schwarze Meer.

Fische im Delta
Häufig vorkommende Arten sind Karpfen, Wels, Weißfisch, Stör und Rapfen.

Falls Sie die Zeit finden, Sulina einen kurzen Besuch abzustatten, sollte es Sie zielsicher zum Leuchtturm (1802) ziehen. Von oben hat man einen wunderschönen Blick auf den Mündungsbereich der Donau und das Schwarze Meer. Um die Fahrrinne der Schifffahrt vor Verlandungen zu schützen, wurde ein 10 km langer Kanal dem Hafenort vorgebaut.

Hier liegt nun auch der Null-Punkt der Kilometrierung der gesamten Donau. Sie sind nun am Ziel Ihrer Flusskreuzfahrt angekommen, können Seeluft schnuppern und bestätigen, dass der Null-Punkt der Reise nur ein geografischer ist.

Klima im Delta
In Chilia Veche beträgt die Jahresdurchschnittstemperatur 12° C, die Sommer sind heiß und trocken, die Winter mild und windig. Die durchschnittliche Niederschlagsmenge beträgt nur 367 mm pro Jahr.

Der südliche Arm des Donaudeltas, der Sfântu-Gheorghe-Kanal

Der südlichste Arm mündet mit einer Länge von 109 km bei **Sfântu Gheorghe** (1100 Einwohner) ins Schwarze Meer. Mit den 242 m hohen fünf Hügeln von Bestepe (20 km von Tulcea) liegen an ihm das Wahrzeichen des Deltas und gleichzeitig die größten Erhebungen. Kürzere Exkursionen ins Delta können von Murighiol unternommen werden. Der kleine Ort, auf eine römisch-byzantinische Gründung im 4. bis 6. Jh. zurückgehend, versucht mit ein paar Ferienanlagen ein Standbein im Tourismus – vor allem für Individualreisende – zu bekommen. Das Dorf Sfântu Gheoghe, benannt nach dem Schutzpatron des Donaudeltas in der rumänisch-orthodoxen Kirche, ist ein Zentrum der Störfischerei und damit der Kaviarproduktion. Leider geht seit einiger Zeit die Population zurück, so dass Anstrengungen unternommen werden müssen, die Aufzucht und Neuansiedlung von Stören zu fördern.

Schön sind die kaum berührten Badestrände an der Schwarzmeerküste bei Sfântu Gheoghe (und auch Sulina). Wo sonst in Europa können Sie zwischen Pelikanen zum Baden gehen?

Für den Donaukreuzfahrer bedeutet das Donaudelta meistens nicht das Ende der Reise, sondern einen Wendepunkt. Von hier geht es bergauf, die Donau zurück, neue Ausflüge warten, und es gibt auch einiges Neues zu entdecken. Manche Passagen werden Ihnen länger vorkommen als bei der Hinfahrt. Bedenken Sie aber, dass Ihr Schiff nun gegen die Strömung anfahren muss. Oder aber Sie haben die Heimreise mit dem Flieger geplant, dann sagen Sie der Donau und ihren vielen Völkern nun auf Wiedersehen.

Zahlen und Fakten

Das Delta ist das größte zusammenhängende Schilfrohrgebiet der Erde, die Bevölkerungsdichte mit die geringste in Europa.

Lipovener

Eine der größten Minderheiten in Rumänien sind die russischstämmigen Lipovener, Fischer, die sich vor allem im Delta und in Tulcea niederließen. Dort wird noch heute häufig Russisch gesprochen, die alt-russische Orthodoxie bleibt lebendig.

Wer Glück hat, trifft vielleicht auf eine farbenfrohe orthodoxe Hochzeit. Aber bitte vor dem Fotografieren um Erlaubnis bitten.

Wissenswertes über die Donaukreuzfahrt

Sanft mäandert das Flussbett der Donau durch die wunderschöne Natur der Wachau (→ S. 49) in Österreich. Die Ufer werden immer wieder von Weinbergen gesäumt, an denen die Trauben für den köstlichen Grünen Veltliner wachsen.

Alles, was man über die Donaukreuzfahrt wissen sollte – Hilfe zur Identifizierung von Tieren am Fluss und viele nützliche Informationen von der Anreise bis zum Zoll.

Die Tiere der Donau

Name: Rosapelikan
(Pelecanus onocrotalus)
Länge: 140–175 cm
Nahrung: Fische; manchmal bilden Rosapelikane Treiberformationen, um die Fische in Richtung Ufer zu drängen; dort, im flachen Wasser, sind sie leichter zu erbeuten
Brutplätze: Donaudelta, Griechenland, Russland

Name: Sichler (*Plegadis falcinellus)*
Länge: 55–65 cm
Nahrung: Wasserinsekten, Larven, Würmer; durch seinen langen, gebogenen Schnabel kann er auch im Schlamm Beutetiere suchen
Brutplätze: Südosteuropa, speziell Ukraine, Russland, Rumänien, wenige in Ungarn, vereinzelt in Spanien und Frankreich

Name: Löffler *(Platalea leucorodia)*
Länge: 80–90 cm
Nahrung: Kleine Fische, Kaulquappen, Schnecken und kleine Krebse; bei der Nahrungsaufnahme laufen Löffler mit ihrem halb offenen Schnabel durch flaches Wasser und »schöpfen« ihre Nahrung heraus
Brutplätze: Südeuropa, deutsche und niederländische Nordseeküste, Ungarn, vereinzelt Ostösterreich, Tschechien

Name: Kormoran
(Phalacrocorax carbo)
Länge: 80–100 cm
Nahrung: Süß- und Salzwasserfische; mit seinem Hakenschnabel kann er selbst den glitschigsten Fisch an der Flucht hindern
Brutplätze: Küsten Europas, Binnenlandseen; die Unterart *sinensis* (grünlicher und bronzefarbener Metallglanz, viel Weiß am Kopf) im Norden Mitteleuropas, im Donauraum Südosteuropas

Name: Nachtreiher
(Nycticorax nycticorax)
Länge: 58–65 cm
Nahrung: Frösche, Molche, Wasserinsekten, auch Fische, Kleinsäuger und Kleinvögel; wie der Name schon sagt, ist der Nachtreiher vor allem nachts aktiv und das meist in kleinen Gruppen
Brutplätze: südliches und westliches Europa

Name: Bienenfresser
(Merops apiaster)
Länge: 25–27 cm
Nahrung: Bienen, Wespen, Hornissen, Hummeln; werden meist im Flug gefangen; falls das Insekt noch einen Stachel hat, drückt der Bienenfresser vor dem Verzehr das Gift aus dem Insekt heraus
Brutplätze: Süd- und Osteuropa, vor allem Iberien, vereinzelt bis Nordostfrankreich und Dänemark

Name: Haubentaucher
(Podiceps cristatus)
Länge: 46–51 cm
Nahrung: kleine Fische und andere im und auf dem Wasser lebende Tiere, die tauchend gefangen werden
Brutplätze: Süßwasserseen, große Flüsse und die Küsten Europas (außer Island und große Teile Skandinaviens)

Name: Rallenreiher
(Ardeola ralloides)
Länge: 44–47 cm
Nahrung: Frösche, Molche, Wasserinsekten und Fische; das Jagdverhalten des Rallenreihers zeichnet sich durch geduldiges Lauern aus
Brutplätze: Südeuropa; in Mitteleuropa nur in Ungarn und (unregelmäßig) in der Slowakei

Name: Graureiher *(Ardea cinerea)*
Länge: 90–98 cm
Nahrung: meist Fische, auch Frösche, Kaulquappen, große Käfer und Würmer; nach bewegungslosem Stehen oder langsamem Waten durch flaches Wasser schlägt der Graureiher blitzschnell zu, um seine Beute zu fangen
Brutplätze: große Teile Europas (außer Island und Nordeuropa); in Südeuropa meist nur im Winter zu Gast

Name: Blauracke *(Coracias garrulus)*
Länge: 30–32 cm
Nahrung: Insekten (zum Beispiel Käfer, Heuschrecken), selten Mäuse oder Frösche
Brutplätze: Süd- und Osteuropa, nach Norden nahe zum Baltikum

Name: Seeadler *(Halieetus albicilla)*
Länge: 77–92 cm (Spannweite: 190–240 cm)
Nahrung: Fische und Säugetiere von einer Größe bis zum Reh; die Fische werden meist tot aufgenommen; bei der Jagd nach lebendigen Fischen geht er sogar im flachen Wasser auf Fang
Brutplätze: Island, Schottland, Nord-, Osteuropa, an bestimmten Plätzen auch in Südosteuropa

Name: Eisvogel *(Alcedo atthis)*
Länge: 16–17 cm
Nahrung: kleine Fische, Wasserinsekten, Kaulquappen, nach denen getaucht wird
Brutplätze: Europa (nicht Island), größter Teil Nordeuropas, Nord-Großbritannien

Name: Biber *(Castor fiber)*
Nahrung: Holz, Gräser, Wurzeln; Biber können auch längere Zeit unter Wasser nagen
Verbreitung: Nordwest- und Zentral-Eurasien, immer mehr von Frankreich bis zum Baikalsee und zur Mongolei vertreten, auch Ost-Russland

Name: Laubfrosch *(Hyla arborea)*
Größe: 4–5 cm
Nahrung: fliegende Insekten; fängt seine Opfer mit der Zunge
Verbreitung: weltweit
Besonderheiten: das Männchen unterscheidet sich äußerlich vom Weibchen durch seine bräunlich gefärbte Kehle

Name: Smaragdeidechse *(Lacerta viridis)*
Länge: bis zu 50 cm
Nahrung: Insekten, Spinnen, Würmer, Schnecken, manchmal sogar kleinere Eidechsen
Verbreitung: Nördliche Mittelmeerländer (bis Portugal im Westen und Israel im Osten); nur vereinzelt vertreten in Mitteleuropa

Name: Äskulapnatter *(Zamenis longissima)*
Länge: bis zu 200 cm
Nahrung: Mäuse, seltener Vögel, Jungtiere, auch Eidechsen; würgt ihre Opfer zu Tode
Verbreitung: Südeuropa und Kleinasien, vereinzelt in Deutschland, Österreich und der Schweiz

Nützliche Adressen und Reiseservice

Auf einen Blick

Ländername: Deutschland
Hauptstadt: Berlin
Landessprache: Deutsch
Einwohnerzahl: 82,5 Mio.
Größe: 357 030 qkm

Ländername: Österreich
Hauptstadt: Wien
Landessprache: Deutsch
Einwohnerzahl: 8,32 Mio.
Größe: 83 871 qkm

Ländername: Slowakei, Slovenská republika
Hauptstadt: Bratislava (Pressburg)
Landessprache: Slowakisch
Einwohnerzahl: 5,43 Mio.
Größe: 49 034 qkm

Ländername: Ungarn, Magyar Köztársaság
Hauptstadt: Budapest
Landessprache: Ungarisch
Einwohnerzahl: 10,08 Mio.
Größe: 93 030 qkm

Ländername: Kroatien, Republika Hrvatska
Hauptstadt: Zagreb
Landessprache: Kroatisch
Einwohnerzahl: 4,5 Mio.
Größe: 56 542 qkm

Ländername: Serbien und Montenegro, Srbija i Crna Gora
Hauptstadt: Beograd (Belgrad)
Landessprache: Serbisch
Einwohnerzahl: 9,4 Mio.
Größe: 102 173 qkm

Ländername: Bulgarien, Republika Bălgarija
Hauptstadt: Sofija (Sofia)
Landessprache: Bulgarisch
Einwohnerzahl: 7,87 Mio.
Größe: 110 994 qkm

Ländername: Rumänien, România
Hauptstadt: Bucureşti (Bukarest)
Landessprache: Rumänisch
Einwohnerzahl: 21,56 Mio.
Größe: 238 391 qkm

Anreise

Mit dem Zug

Aus Deutschland, Österreich und der Schweiz bestehen über München und Regensburg mehrere Verbindungen nach Passau. Zahlreiche Veranstalter bieten ihren Gästen einen Koffer- und Personentransfer vom Bahnhof zum Schiff an. Vom Hauptbahnhof in Passau besteht auch die Möglichkeit, mit dem City-Bus (Haltestelle in der Nähe des Bahnhofs) oder mit dem Taxi zum Schiffsanleger zu fahren.

Mit dem Pkw

Für Schiffsgäste, die mit ihrem eigenen Pkw nach Passau anreisen (Autobahn A3, Ausfahrt Passau Nord) bieten, bei Vorübernachtung im Hotel, die Unterkünfte die Möglichkeit, den Wagen für die Zeit der Reise dort unterstellen.

Auch die Reedereien und Veranstalter kümmern sich bei rechtzeitiger Anmeldung um günstige Unterbringungsmöglichkeiten für ein Fahrzeug in Passau während der Flusskreuzfahrt. So organisiert beispielsweise die A-rosa zusätzlich einen von ihren Mitarbeitern durchgeführten Pkw-Transfer (10 €) vom Schiffsanleger zur Garage und am Abreisetag wieder zurück.

Das an der Rezeption abgegebene Gepäck wird auch schon vor dem offiziellen Eincheckermin an der Rezeption angenommen und auf die Kabinen gebracht.

An Bord

Ein kurzer Überblick über die Formalia und die Ausstattung, die den Schiffsreisenden an Bord seines Flusskreuzfahrtschiffes erwarten:

Bordsprache ist deutsch. Die Rezeption ist rund um die Uhr geöffnet. Auf den Kabinen befindet sich meist im Kleiderschrank ein Safe für die Wertsachen. Die Öffnungszeiten der Bars sind dem jeweiligen Tagesprogramm zu entnehmen. Es werden bei gutem Wetter auch Erfrischungen auf den Sonnendecks serviert. Meist ist eine kleine Bordbibliothek vorhanden, in der auch eine Auswahl an Gesellschaftsspielen zur Verfügung steht. Kosmetika, Parfums, Souvenirs und Dinge des täglichen Bedarfs sind in einer Bord-Boutique erhältlich. Manche Schiffe verfügen über einen eigenen Friseursalon. Bademäntel für den Aufenthalt auf dem Sonnendeck und den Massage-/Wellness-Bereich sind auf Wunsch erhältlich, wenn sie nicht bereits in der Kabine ausliegen. Auf den Schiffen, die Fahrradausflüge anbieten, sind moderne Trekkingbikes vorhanden, die aber nur zu Fahrradausflügen mit Guide geliehen werden können. Sonst kein Fahrradverleih an Bord!

Nebenkosten in Euro
(umgerechnet in €)

1 Tasse Kaffee	2,00
1 Glas Bier	2,30
1 Glas Wein	6,00
1 Orangensaft (gepresst)	3,50
1 Sandwich	3,00
1 Schachtel Zigaretten	4,00
1 Telefonat (1 Einheit)	1,50

Stand: Januar 2008

Der Heldenplatz in Budapest (→ S. 77) ist ein beliebter Treffpunkt der Jugend.

Auskunft

Österreich-Urlaubsinformation
Margaretenstr. 1, A-1040 Wien; Tel. 00 43/ 1/10 10 18 18, Fax 10 10 18 19; www.wien.at; Mo–Mi, Fr 9–17.30 Uhr, Do 10–18 Uhr

Budapest Tourism Office
V., Március 15 tér 5; Tel. 00 36/1/ 2 66 04 79, Fax 1 2 74 77; www.budapestinfo.hu/en

Serbien
Turistiška organizacija Srbije, Knez Mihajlova 18, 11000 Beograd; Tel. 00 38/1/ 11 62 99 92; www.serbia-tourism.org

Déanska 1, Beograd; Tel. 00 38/1/ 3 24 84 04, Fax 3 24 87 70; www.beograd.org.yu

Buchtipps

Klaffenböck, Rudolf: GRENZgehen, Verlag Karl Stutz, Passau 1999. Wanderung entlang der österreichischen Staatsgrenze nach Tschechien, der Slowakei, Ungarn und Slowenien.
Magris, Claudio: Donau, Zsolnay 2007. Roman und Reisebericht durch den Donauraum zum Ende der

1980er-Jahre, als die europäische Landkarte noch anders aussah.
Setzwein, Bernhard: Die Donau – Eine literarische Flussreise von der Quelle bis Budapest, Klett-Cotta Verlag, 2005. Alles, was große Literaten zur Donau zu sagen haben, findet sich hier in Geschichten und Gedichten.

Buchungsadressen

Deutschland

A-Rosa Flussschiff GmbH
Steinstr. 9, 18055 Rostock; Tel./Fax 01 80/3 02 76 72 (0,09 €/Min); www.a-rosa.de

Peter Deilmann Reederei
Am Holm 25, 23730 Neustadt/Holstein; Tel. 0 45 61/ 39 60, Fax 82 07; www.deilmann-kreuzfahrten.de

DERTOUR GmbH
Emil-von-Behring-Str. 6, 60439 Frankfurt a.M.; Tel. 0 69/95 88 00, Fax 95 88 10 10; www.dertour.de

Hansa Kreuzfahrten GmbH
Contrescarpe 36, 28203 Bremen; Tel. 04 21/33 46 60, Fax 3 34 66 33; www.hansakreuzfahrten.de

Viking Flusskreuzfahrten GmbH
Hohe Str. 68-82, 50667 Köln; Tel. 08 00/2 58 46 65, Fax 58 62 08; www.flusskreuzfahrt-viking.de

MERIAN-Tipp

9 Naturbeobachtungen

Während Ihrer ganzen Reise werden Sie von so vielfältigen Naturschönheiten begleitet, dass Sie sicher einiges davon genauer ins Visier nehmen wollen, um es im Detail zu sehen: ein versteckter Raubvogel, der auf einem Baumstamm am Ufer sitzt, ein Pelikan, der am Himmel seine Kreise zieht, oder Nester brütender Vögel in den Bäumen. Ein gutes Fernglas gehört deshalb unbedingt ins Reisegepäck.

Studiosus Reisen München GmbH
Riesstr. 25, 80992 München; Tel. 0 89/50 06 01 01; www.studiosus.de

Plantours & Partner GmbH
Obernstr. 76, 28195 Bremen; Tel. 04 21/17 36 90, Fax 1 73 69 35; www.plantours-partner.de

Sea Cloud Cruises
Ballindamm 17, 20095 Hamburg; Tel. 0 40/3 09 59 20, Fax 30 95 92 22; www.seacloud.de

Sea travel HAM GmbH
Bergstedter Chaussee 104, 22395 Hamburg; Tel. 0 40/37 41 23 55, Fax 37 41 23 67; www.seatravel.de

VivaMare Urlaubsreisen
Hauptstr. 19, 82402 Seeshaupt; Tel. 0 88 01/9 06 50, Fax 90 64 44; www.vivamare.de

Österreich

Austrian River Cruises Touristik GmbH
Praterstr. 38, A-1020 Wien; Tel. 00 43/1/2 19 73 07, Fax 2 19 73 07 10; www.austrian-river-cruises.at

Lüftner Cruises
Amraser Seestr. 56, A-6020 Innsbruck; Tel. 0043/512/365781, Fax 00 43/512/3657816; www.lueftner-cruises.at

Seetours Austria
Mariahilferstr. 120, A-1070 Wien; Tel. 00 43/1/5 25 55 16, Fax 5 25 55 15

Schweiz

Scylla Tours AG
Uferstr. 90, CH-4019 Basel; Tel. 00 41/6/16 38 81 81, Fax 6 16 38 81 80; www.scylla-tours.com

Thurgau Travel
Rathaustr. 5, CH-8036 Weinfelden; Tel. 00 41/8/00 6 26 55 00, Fax 7 16 26 55 19; www.thurgautravel.ch

Wechselkurse

Deutschland Österreich Euro	Slowakei Krone	Ungarn Forint	Serbien und Montenegro Dinar	Bulgarien Lew	Rumänien Leu
1	33,12	252,82	81,21	1,95	3,55
20	663,73	5 056,45	1624,32	39,09	70,65
50	1 659,33	12 641,10	4060,79	97,74	174,64
100	3 318,65	25 282,30	8 121,58	195,48	353,29
200	6 637,31	50 564,50	16 243,20	390,97	706,59

Stand: Januar 2008

Buchungshinweise

Bei der Buchung Ihres Schiffes sollten Sie darauf achten, auf welchem Deck Ihre Kabine liegt. Wollen Sie nicht auf »Augenhöhe« mit dem Wasser fahren, dann lieber ein Deck höher. Dort sind die Kabinen zwar etwas teurer, bieten aber bei den meisten Schiffen auch den Komfort eines kleinen französischen Balkons.

Planen Sie eine individuelle Verlängerung der Reise mit Hotelübernachtung am Start- und/oder Zielort? Dann sollten Sie diese gemeinsam mit der Kreuzfahrt buchen. So gehen Sie sicher, dass auch ein Zimmer frei ist. Außerdem gewähren die meisten Anbieter Frühbucherrabatte!

Geldwechsel

Meist befinden sich in der Nähe der jeweiligen Anlegestelle Wechselbüros, um in die Landeswährung zu tauschen. Ansonsten kann auch an der Bordrezeption Fremdwährung eingetauscht werden. Versuchen Sie ungefähr abzuschätzen, ob und wie viel Bargeld Sie benötigen (Kreditkarten werden in größeren Läden meist akzeptiert) und tauschen Sie nicht zu viel um – sonst klimpern nach wenigen Tagen drei oder vier verschiedene Währungen in Kleinstbeträgen in Ihrem Geldbeutel.

Gesundheitsvorschriften

Spezielle Impfungen sind nicht vorgeschrieben. So die Impfungen Tetanus, Polio und Diphtherie länger als 10 Jahre zurückliegen, empfiehlt sich dennoch eine Auffrischung. Dies gilt auch für eine Hepatitis-A-Impfung.

Mittel zum Schutz und zur Behandlung von Insektenstichen sind vor allem bei Reisen ins Donaudelta empfehlenswert. Sonnenschutzpräparate mit hohem Lichtschutzfaktor gehören auf jeden Fall ins Gepäck. Mittel gegen Seekrankheit benötigen Sie nur, wenn Sie empfindlich sind; die Schiffe fahren sehr ruhig – selbst Motorengeräusche hört man kaum.

Hafenliegeplätze

Es ist in einigen Städten üblich, dass die Hafenbehörden aufgrund des hohen Verkehrsaufkommens mehreren Schiffen einen gemeinsamen Liegeplatz zuweisen. In diesen Fällen liegen die Schiffe nebeneinander. Die Sicht aus den Kabinen kann eingeschränkt sein. Zustiege und Landgänge erfolgen dann durch die anderen Schiffe.

Wenn wegen Hoch- oder Niedrigwasser Streckenabschnitte nicht befahrbar sind, behalten sich Reedereien/Veranstalter das Recht vor, Gäste mit Reisebussen zu befördern. Umstiege auf andere Schiffe, Programmänderungen und eventuell Übernachtungen im Hotel wären möglich.

Internet

In allen größeren Städten findet man in Internetcafés oder Tourismusbüros mit entsprechender Ausstattung. An Bord sind keine Interneträume einge-

Leichtes Gepäck ist auf einer Donaureise völlig ausreichend, denn die Kreuzfahrtschiffe verfügen immer über einen Wäscheservice. Trinkgeld wird auch hier gern gesehen!

richtet. Man kann aber unter Umständen mit dem eigenen Laptop und einer UMTS-Karte (beim Fachhändler nachfragen) ins Netz gehen.

Medizinische Versorgung

In den meisten Fällen ist kein Bordarzt auf Flusskreuzfahrten an Bord. Im Notfall ist aber medizinische Hilfe schnell erreichbar, da sich die Schiffe immer in der Nähe des Ufers befinden. Geht die Flusskreuzfahrt bis ins Donaudelta, fährt auf manchen Schiffen ein Arzt mit. Bei einzelnen Luxusanbietern wie beispielsweise der Deilmann Reederei ist immer ein Arzt an Bord.

Post

Post und Briefe können an der Rezeption abgegeben werden. Sie werden direkt, wenn der nächste Hafen angefahren wird, versandt.

Reisedokumente

Deutsche und österreichische Staatsangehörige benötigen für die Strecke Passau-Budapest-Passau einen noch 6 Monate gültigen Reisepass oder Personalausweis. Für die Fahrt bis zum Schwarzen Meer wird zwingend ein Reisepass mit gleicher Gültigkeit benötigt. Kinder bis zum vollendeten 16. Lebensjahr brauchen einen Kinderausweis mit Lichtbild. Eventuell benötigte Visa für die Einreise in Serbien werden vor Ort ausgestellt.

Rückreise

Die meisten Flusskreuzfahrten auf der Donau starten und enden in Passau. Sollten Sie nur eine einfache Tour von Passau nach Wien oder Budapest oder in die umgekehrte Richtung planen, können Sie ohne Probleme mit dem Zug oder von Wien und Budapest mit dem Flugzeug an-/abreisen.

Schlüsselkarten

Die Bordkarte ist in der Regel auch die Schlüsselkarte für die Kabine und dient beim Ein- und Aussteigen zur Legitimation.

Strom

Die Stromspannung an Bord ist durchgängig 220 V, die Steckdosen entsprechen der EU-Norm. Eine 220/210-V-Steckdose für Rasierer befindet sich im Bad.

Tagesprogramme

Hierin sind alle wichtigen Informationen enthalten. Die Programme für den nächsten Tag werden meist am Abend zuvor auf die Kabinen verteilt.

Telefon

Die Schiffe sind jeweils über Telefon und Fax zu erreichen. Die Nummern erhalten Sie mit den Reiseunterlagen. Eingehende Gespräche werden von der Rezeption auf die Kabinen vermittelt. Ausgehende Gespräche werden über das Bordkonto abgerechnet. Ansonsten haben Sie überall auch Netz für international freigeschaltete Mobiltelefone. Speichern Sie sich auf Ihrem Mobiltelefon die Nummer Ihres Schiffs für etwaige Notfälle bei selbst organisierten Landausflügen.

Trinkgelder

Trinkgelder sind individuell und sollten am Ende der Reise Ausdruck für die Zufriedenheit der Gäste sein. Häufig steht eine Trinkgeldbox für die gesamte Crew an der Rezeption.

Trinkwasser

Das Wasser an Bord hat Trinkwasserqualität. Eis und Mineralwasser sind über die Kabinenstewardessen erhältlich, selbstverständlich können Sie auch auf Landgängen Getränke besorgen, das ist oft günstiger.

TV

TV-Programme sind via Satellit zu empfangen, eine Auswahl an Sendern wird übertragen. Fast alle Schiffe verfügen über Fernseher auf der Kabine. Nur bei Schleusendurchfahrten und in sehr engen Tälern kann es zu Empfangsstörungen kommen.

Wäscherei

Wie im Hotel besteht auch an Bord die Möglichkeit, den Wäscheservice in Anspruch zu nehmen.

Zahlungsmittel

Die Bordwährung ist generell der Euro. Während der Reise werden auf den Flusskreuzfahrtschiffen die bordeigenen Kreditkarten benutzt. Am Ende der Reise kann dann entweder bar oder aber mit VISA, MasterCard (Eurocard) bzw. Diners Club International gezahlt werden. Für privat organisierte Landauflüge, Trinkgelder für lokale Stadtführer, Museumsbesuche etc. empfiehlt es sich, kleinere Mengen in Landeswährung umzutauschen.

Zollbestimmungen

Bei Ein- und Ausfuhr von Waren und Devisen ist auf die jeweils geltenden Zollbestimmungen zu achten.

MERIAN-Tipp

10 Öffentliche Verkehrsmittel

Alle großen Städte haben ein sehr gut ausgebautes öffentliches Verkehrsnetz. Kaufen Sie in Wien am besten eine 24-Stunden-Karte für 5 € und Sie können mit einem Ticket U-Bahnlinien, Straßenbahnen und Busse nutzen. In Belgrad ist die Straßenbahnlinie 2 (von 4.15 Uhr bis Mitternacht) die bequemste und günstigste Art für eine Stadtrundfahrt. Sie fährt vom Hafen einen vollen Kreis um die Innenstadt und führt Sie an vielen Sehenswürdigkeiten vorbei. Ganz nebenbei erleben Sie Alltagsleben pur.

Hier finden Sie alphabetisch aufgeführt alle in diesem Band beschriebenen Orte und Ziele, Routen und Touren. Bei einzelnen Sehenswürdigkeiten steht jeweils der dazugehörige Ort in Klammern, bei Hotels und Restaurants stehen zusätzlich die Abkürzung H für Hotel und R für Restaurant. Außerdem enthält das Register wichtige Stichworte sowie sämtliche MERIAN-Tipps und MERIAN-TopTen dieses Reiseführers. Wird ein Begriff mehrfach aufgeführt, verweist die **fett** gedruckte Zahl auf die Hauptnennung, eine *kursive* Zahl verweist auf ein Foto.

Donaukreuzfahrt

MERIAN-Tipps

Tipps und Empfehlungen für Kenner und Individualisten

1 Scharfrichter Haus in Passau
Scharfzüngiges Programm in altem Gemäuer (→ S. 34).

2 Pöstlingbergbahn in Linz
Historischer Ausflug mit einer alten Bergbahn hinauf zum Aussichtsberg – auch am Abend lohnend (→ S. 44).

3 Konzert- und Theaterabend in Wien
Was wäre Wien ohne die Musik? Konzerte, Opern und Musicals locken (→ S. 59).

4 Einkaufstempel Steffl in Wien
Modern und mit einem internationalen Angebot zeigt sich der historische Einkaufstempel auf 14 000 qm im neuen Gewand (→ S. 63).

5 Spaziergang entlang der Andrássy út in Budapest
Paläste und bedeutende Kulturstätten entlang der würdevollsten Allee der Hauptstadt, die langsam ihre Eleganz zurückerobert (→ S. 78).

6 Zentrale Markthalle in Budapest
Ein farbenfroh
ungarischen
Kunsthandw

MERIAN

7 Künstlervierte (Belgrad)
Französisches Fla ... rtel der Belgrader Bohème (→ S. 96).

8 Ruse Kunst Galerie
»Klein Wien« wird die bulgarische Stadt auch gern genannt, und ein Besuch der Galerien zeigt: Auch hier ist die Kunst zu Hause (→ S. 103).

9 Naturbeobachtungen
Ein Fernglas gehört ins Reisegepäck, um von Bord die Naturschönheiten, Tiere und Pflanzen genau zu sehen (→ S. 118).

10 Öffentliche Verkehrsmittel
Der Puls des prallen Alltagslebens lässt sich in Bussen und Bahnen am besten erleben (→ S. 121).

← MERIAN-TopTen finden Sie auf Seite 1

Liebe Leserinnen und Leser,
wir freuen uns, Ihre Meinung zu diesem Reiseführer zu erfahren. Bitte schreiben Sie uns, wenn Sie Berichtigungen und Ergänzungsvorschläge haben oder wenn Ihnen etwas besonders gut gefällt:

TRAVEL HOUSE MEDIA GmbH, Postfach 86 03 66, 81630 München
E-Mail: merian-live@travel-house-media.de Internet: www.merian.de

Der Autor

Diesen Reiseführer schrieb **Guido Pinkau,** Jahrgang 1964. Der Geograf arbeitet als Studienreiseleiter in Ländern wie Skandinavien, Großbritannien sowie in Süd- und Ostafrika. Immer wieder zieht es ihn aber in seine Heimat Passau an der Donau zurück.

Bei Interesse an Karten aus MERIAN-Reiseführern schreiben Sie bitte an:
iPUBLISH GmbH, geomatics
Berg-am-Laim-Straße 47
81673 München
E-Mail: geomatics@ipublish.de

Bei Interesse an Anzeigenschaltung Wenden Sie sich bitte an:
KV Kommunalverlag GmbH & Co KG
MediaCenterMünchen
Tel. 0 89 – 92 80 96 – 44
E-Mail: kramer@kommunal-verlag.de

Fotos

Titelbild: Parlament in Budapest (Huber/G. Simeone); untere Reihe von links: Rallenreiher (Delta Nature Resort), Wachau (A-Rosa Flussschiff), Paar an Deck (Viking Flusskreuzfahrten); akg-images 64, 88, 100; Arco Images 109; Bildagentur Waldhäusl /Viennaphoto 20; busplaner 30; Delta Nature Resort 106, 112/1–112/11; Donau Oberösterreich Werbegemeinschaft 26, 41; G. Pinkau 11, 22, 54, 82, 117; Hahn/laif 76, 80; Haus am Strom 38; Haus am Strom/Otto Aßmann 112/15, 112/16; Heuer/laif 53; Hoa-Qui/laif 58; Huber/G. Simeone 7; Huber/laif 36, 56; Huber/Picture-Finders 42; Huber/R. Schmid 6, 9; Kaufhaus Steffl 62; Kristensen/laif 4; look/Herzog Tina und Horst 24; Nationalpark Donauauen GmbH/Antonicek 12, 112/12–112/14; Nationalpark Donauauen GmbH/Kovacs 66; Peter Deilmann Reederei 28, 120; Rumänisches Touristenamt 102, 104; Tourismusorganisation Belgrad 94, 97; Viking Flusskreuzfahrten 16, 19, 32, 48, 68, 72, 84, 90, 92, 98, 110

Programmleitung
Dr. Stefan Rieß
Redaktion
Cathrin Rummel/Simone Schmidt
Lektorat
Eva Morgenstern für bookwise, München
Gestaltung
wieschendorf.design, Berlin
Karten
MERIAN-Kartographie
MERIAN-Quiz
Verónica Reisenegger (Konzept und Idee)
Satz
Sabine Dohme, Planegg bei München
Druck
Appl, Wemding
Bindung
Auer, Donauwörth
Gedruckt auf
Eurobulk Papier von der Papier Union

1. Auflage

TRAVEL HOUSE MEDIA

Ein Unternehmen der
GANSKE VERLAGSGRUPPE